AKAL • HISTORIA DEL MUNDO PARA JÓVENES

EL CAMINO DE SANTIAGO

Aurora Ruiz Mateos
Daniel Abad Rossi

-akal-
EDICIONES

Historia del mundo para jóvenes
Serie Historia de España
Director: *Miguel Morán Turina*

Maqueta: RAG

Reservados todos los derechos.
De acuerdo a lo dispuesto en el art. 270
del Código Penal, podrán ser castigados
con penas de multa y privación de libertad
quienes reproduzcan o plagien, en todo
o en parte, una obra literaria, artística
o científica fijada en cualquier tipo de soporte
sin la preceptiva autorización.

1.ª edición, 1997
2.ª edición, 1999

© Aurora Ruiz Mateos y Daniel Abad Rossi, 1997
© Ediciones Akal, S. A., 1997, 1999
Sector Foresta, 1
28760 Tres Cantos
Madrid - España
Tel.: 91 806 19 96
Fax: 91 804 40 28
ISBN: 84-460-0633-2
Depósito legal: M. 3335-1999
Impreso en Grefol, S. A.
Móstoles (Madrid)

Índice

1. La peregrinación y los peregrinos, *p. 4*
    El culto a los santos y las peregrinaciones, *p. 4*
    El Apóstol Santiago y el hallazgo legendario de su tumba, *p. 5*
    La peregrinación a la tumba del Apóstol Santiago, *p. 7*
    La peregrinación a Santiago en las fuentes escritas, *p. 8*
    Los peregrinos, *p. 9*

2. Hacia la tumba del Apóstol, *p. 13*
    El preámbulo de la peregrinación, *p. 13*
    El acto de la partida, *p. 15*
    El reposo en el Camino, *p. 15*
    La llegada a Santiago, *p. 17*

3. La vida en el Camino, *p. 20*
    La manifestación de la religiosidad en el Camino, *p. 20*
    La actividad comercial en el Camino, *p. 22*
    Los riesgos del Camino: entre lo delictivo y la picaresca, *p. 24*
    La protección al peregrino, *p. 24*
    El día a día en el Camino, *p. 26*

4. El Camino de Santiago, *p. 29*
    Las rutas hacia el Camino de Santiago, *p. 29*
    El Camino, *p. 30*
    Ciudades, villas y lugares del Camino, *p. 31*
    El arte en el Camino, *p. 52*

1. La peregrinación y los peregrinos

> Romeros e Pelegrinos son omes que fazen sus romerias e pelegrinajes por servir a Dios e honrrar los Santos, e por fabor de fazer esto, estráñanse de sus logares e de sus mugeres e de sus casas e de todo lo que han, e uan por tierras ajenas lazerando los cuerpos o despendiendo los aueres, buscando los Santos...
>
> (Alfonso X el Sabio, *Las Partidas*)

El culto a los santos y las peregrinaciones

La peregrinación es un hecho constante en la vida del hombre, que se acerca a los lugares relacionados con sus héroes o sus dioses para rendirles homenaje y en busca de los poderes mágicos que en ellos se manifiestan.

La peregrinación cristiana tiene como objetivo la veneración de sus mártires y santos y de los lugares donde transcurrió la vida de su fundador, Jesucristo. Para el cristiano, esta vida es sólo un camino para llegar a la verdadera Vida. Con esta mentalidad se convierte en peregrino hacia la Jerusalén Celeste, donde se encontrará con el Padre. Por eso, como hombre en camino, su muerte brilla con la gloria de lo transcendente y definitivo, desplazando incluso a la celebración del propio nacimiento.

El culto a los mártires, iniciado en el siglo II, hará que surjan los *martyria* para dar cobijo a sus restos, que serán los primeros centros de la peregrinación cristiana.

Este culto especial otorgado a sus mártires se extenderá al resto de los miembros de la comunidad cristiana que, por llevar una vida ejemplar dentro de los principios de su religión, son declarados santos. Mártires y santos serán los intermediarios de los hombres ante el Padre. De aquí que, tanto sus lugares de enterramiento como aquellos donde se veneran sus reliquias, sean lugares privilegiados del culto cristiano. Si a este motivo se añade la creencia de que en ellos se producían milagros que mejoraban la vida terrenal, se entiende el valor de la peregrinación y que ésta fuera una de las formas de piedad más arraigadas en el hombre medieval, máxime si se tiene presente que éste se mueve por símbolos.

Con la creación de la ciudad de Constantinopla, la Nueva Roma, se necesitaban reliquias para los santuarios que en ella se erigían. El traslado de los restos, práctica hasta entonces prohibida, acabaría extendiéndose así a Occidente. Por este motivo las reliquias, no sólo acabarían dividiéndose sino que llegarían a venderse, según las exigencias de la fe y las necesidades económicas del momento, formándose con ellas un gran tráfico en la Edad Media.

Poder contar con los cuerpos de los santos o con aquellos objetos que les habían pertenecido iba a tener una gran importancia, tanto espiritual, por ser más factible la experiencia religiosa, como material, por los ingresos económicos que se derivaban de los peregrinos. Este hecho iba a provocar la aparición de cuerpos santos y reliquias en lugares donde no existía ninguna tradición de ello. Ya San Agustín advierte en el siglo V, mucho antes de la peregrinación jacobea, del peligro que suponían los monjes impostores que vendían falsas reliquias.

Debemos tener presente que la mayoría de las peregrinaciones que se encaminaban a los citados lugares eran loca-

En los frondosos parajes de Roncesvalles, desgastado por el tiempo y la lluvia, se alza el crucero del siglo XIV para orientar el Camino.

les y que la máxima afluencia de público coincidía con determinadas fechas, relacionadas, generalmente, con las ferias donde confluían los aspectos económicos, lúdicos y espirituales.

Tampoco debemos pasar por alto la peregrinación de los monjes irlandeses, ya practicada a partir del siglo VI, sin ningún destino determinado, solamente por virtud. Así Brian Tate recoge de la *Anglo-Saxon Chronicle* cómo tres monjes irlandeses, guiados por el amor a Dios, deciden vivir en permanente peregrinación, sin importarles dónde, en una barca sin remos.

Dentro de este contexto las tres grandes peregrinaciones de la Edad Media se dirigieron: a los Santos Lugares donde había transcurrido la vida de Jesús; a Roma, por encontrarse allí las tumbas de San Pedro, San Pablo y otros muchos santos; y a Compostela, por haber aparecido en el siglo IX, espontáneamente, la tumba del Apóstol Santiago. Estas peregrinaciones se caracterizaron por una gran afluencia y por acudir a ellas gentes desde todos los lugares, sin importar demasiado las grandes distancias que tenían que recorrer. Pensemos, por ejemplo, que un peregrino alemán debía recorrer de dos a tres mil kilómetros para llegar a la tumba del Apóstol Santiago.

El Apóstol Santiago y el hallazgo legendario de su tumba

El nombre de Santiago aparece, por vez primera, invocado como patrón de Hispania en un himno litúrgico dedicado al rey asturiano Mauregato (783-788) que se atribuye a Beato de Liébana:

> *Oh muy digno y muy santo apóstol, dorada cabeza refulgente de Hispania, sé nuestro protector y **natural patrono** evitando la peste, sé nuestra salud celeste alejándonos siempre de la enfermedad, las heridas, los males...*

Muy poco después, sin que se pueda precisar la fecha, reinando Alfonso II de Asturias (792-842), aparecerá en sus territorios, que incluían Galicia, la tumba del Apóstol.

La aparición de su cuerpo entra dentro de lo común en la Edad Media. San Jerónimo comenta que el cuerpo de los Apóstoles reposaba en el lugar en que habían predicado y San Agustín dirá sobre la aparición del cuerpo de San Esteban (415) que se había producido *como los cuerpos de los mártires acostumbran a aparecer, por revelación de Dios cuando el Creador lo ha juzgado conveniente*. Y de esta manera, aunque más por necesidades de los hombres que por conveniencia del Creador, apareció el cuerpo de Santiago el Mayor: Pelayo, un eremita de las inmediaciones de la iglesia de San Félix de Solobio, tuvo la revelación de que en el lugar donde los feligreses de la citada iglesia habían visto señales luminosas se encontraban los restos de Santiago. Estos hechos se pusieron, rápidamente, en conocimiento del obispo de Iría Flavia, Teodomiro, que, tras comprobar personalmente las luminarias y después de ayunar tres días, se dirigió con gran número de sus fieles hacia donde se producían los prodigios luminosos y allí encontraron la tumba del Apóstol. Lugar que, a partir de entonces, comenzó a conocerse como «*Campus stellae*» —Compostela—.

Comunicada la noticia a Alfonso II, éste mandó construir una iglesia sobre la tumba del Apóstol y, próxima a ella, otra dedicada a San Juan Bautista y una más al Salvador, a San Pedro y a San Juan Evangelista —esta última es el origen del monasterio de San Salvador de Antealtares—. En torno a ellas irá creciendo un burgo que será el inicio de la futura ciudad de Santiago de Compostela.

Los hechos aparecen narrados en un documento de 1077, fecha tardía en relación con la aparición de la tumba, conocido como la Concordia de Antealtares por contener los acuerdos a los que llegaron el obispo Diego Peláez y el abad Fagildo del monasterio de San Salvador de Antealtares. Por la necesidad de mantener en el mismo lugar la tumba del Apóstol, la cabecera de la nueva catedral románica tuvo que ocupar parte del monasterio, lo que llevó a regular los derechos que tenían sobre la iglesia y el culto mientras se hiciese el edificio.

Si bien el patronazgo de Santiago sobre Hispania se manifiesta en el himno dedicado a Mauregato, la relación entre Santiago e Hispania aparece en un texto de finales del siglo VI, el Breviario de los Apóstoles, donde se atribuye a cada Apóstol la región en la que había predicado el mensaje del Maestro. La difusión del Breviario hará que en el siglo VII se multipliquen las referencias a la predicación de Santiago en Hispania y a *Aca Marmárica* como su lugar de enterramiento. En las fuentes hispánicas aparece en una inscripción de la iglesia de Santa María de Mérida, en la segunda mitad del siglo VII, y en el tratado *De ortu et obitu patrum* de San Isidoro de Sevilla.

Afianzada esta idea y teniendo presente la necesidad del naciente reino astur, que se consideraba heredero del reino visigodo, de buscar signos de identidad frente a la iglesia toledana y a su resistencia al Islam, parece lógico que, en tan delicada situación, apareciera en sus territorios el sepulcro del Apóstol. Precisamente en Iria Flavia —Padrón— la sede episcopal del noroeste que no había sido interrumpida por el poder islámico.

Santiago fue el primero de los Apóstoles que sufrió martirio, siendo decapitado por Herodes Agripa. El traslado de su cuerpo a España aparece narrado en la «Pseudoepístola de León, patriarca de Jerusalén», cuya redacción más antigua pertenece a finales del siglo IX o principios del siglo X. Según su relato, los discípulos de Santiago embarcaron con el cuerpo del Apóstol y, tras navegar durante siete días, llegaron a Bisria —lugar situado en la confluencia de los ríos Ulla y Sar— donde el cuerpo de Santiago se elevó por los aires hasta el sol. Sus discípulos contritos y apenados, después de recorrer doce millas, se encontraron con su sepulcro bajo arcos de mármol.

Entre los muchos milagros atribuidos a Santiago, el *Codex Calixtino* narra la ayuda del Apóstol a las tropas de Fernando I de León en la conquista de Coimbra. Días antes del hecho, estaba en la puerta de la catedral de Santiago un obispo griego que reprendió a unos campesinos porque al orar al Apóstol le llamaban caballero, pues no era caballero sino pescador. Por la noche, Santiago, vestido de caballero, se apareció al obispo y le dijo que no dudase de que era un caballero y que lucharía al lado de los cristianos contra los sarracenos. Fue así como nació la representación de Santiago a caballo, popularizado como «Santiago Matamoros», que se consagró en la legendaria batalla de Clavijo. Esto, a su vez, generará otras historias, como la aparición de la Virgen a Santiago para coserle la brida del caballo, rota cuando luchaba contra los infieles en la frontera extremeña, dando lugar a la advocación de Nuestra Señora de la Nava Zapatera, portadora de una lesna en la mano, que se venera en el pueblo extremeño de la Holla de Santa María.

La peregrinación jacobea dio origen a la imagen de «Santiago Peregrino» que, si bien en un principio sólo llevaba la concha o venera como signo emblemático, en el siglo XIII ya aparece con la indumentaria completa propia de los peregrinos. Mientras que esta imagen se extiende por toda Europa, la de

Detalle de las puertas de la iglesia parroquial de Villadangos del Páramo —León—. La mano del ingenuo artesano inmortalizó en el tiempo los ejércitos cristianos dirigidos, por Ramiro I y Santiago Caballero, en la legendaria batalla de Clavijo.

El tímpano de la iglesia de Santiago en Sangüesa nos muestra la imagen del Apóstol, como peregrino, con los signos emblemáticos propios de su condición.

Santiago como caballero que ayuda en los combates, llega a ella al final de la Edad Media con el peligro turco en el sudeste.

Ambos fueron modelos que encarnaron prototipos del mundo medieval: el del hombre peregrino en la tierra y el del caballero que defiende los ideales cristianos y que, junto con las historias de Santiago como hacedor de milagros, enriquecerán las artes figurativas. La más difundida en España fue la de Santiago Caballero por tener mayor continuidad a lo largo del tiempo. Mientras la peregrinación jacobea decae en el siglo XVI, las Órdenes Militares españolas, aunque perdida la función para la que nacieron de expulsar al infiel, adquirieron un gran poder, sobre todo la de Santiago, que seguirá recordando a su adalid, prototipo del caballero y de los ideales santiaguistas.

La peregrinación a la tumba del Apóstol Santiago

Descubierta la tumba del Apóstol se inicia la peregrinación que, si en principio (ss. IX y X) tuvo una dimensión local, pronto adquirió un rango internacional. No es fácil establecer las causas por las que la peregrinación a Santiago se convirtió, utilizando un lenguaje moderno, en un movimiento de masas; lo que

Desde Santa María de Eunate el Camino marca su ruta hacia Óbanos, buscando la tumba del Apóstol.

sí podemos constatar es que la aparición legendaria de la tumba coincide en el tiempo con una serie de factores que, indudablemente, intervinieron en su consolidación y posterior propagación.

La tumba del Apóstol Santiago aparece en el reino astur, núcleo de resistencia al poder islámico, precisamente en el área que combatía por mantener en la Península los ideales cristianos. Santiago mostraba así su predilección por la comunidad que, en cierta manera, continuaba la labor que él vino a realizar en su mítica predicación del Evangelio en el mismo territorio.

En el seno de la iglesia toledana había surgido la herejía Adopcionista al defender el arzobispo Elipando que Cristo, por su naturaleza humana, era hijo adoptivo de Dios. Y precisamente será el incipiente reino astur, mediante Beato de Liébana, el que se enfrente a Elipando para combatir dicha herejía. Ésta fue, sin duda, una situación preocupante para el papado al ver extenderse el Adopcionismo con gran rapidez, por lo que le interesaba la consolidación de una iglesia en Hispania que se enfrentase con la jerarquía herética toledana. Situación que se pone de manifiesto después del concilio de Frankfort (794), al que asistieron eclesiásticos del reino astur, al enviar el papa Adriano I una epístola dirigida a los obispos de las iglesias de *Gallaecia e Hispania* para combatir el Adopcionismo.

Admitida por el papa la aparición de la tumba del Apóstol Santiago, que por las fechas debió de ser San León (795-816), la buena nueva es comunicada a la cristiandad mediante la carta *Noscat fraternitas vestra: ... que el cuerpo del bienaventurado apóstol Santiago fue trasladado entero a España, en territorio de Galicia...*

Una vez consolidada la noticia de que el cuerpo de Santiago está en Hispania, el auge de la peregrinación jacobea no se puede separar de una serie de circunstancias extrapeninsulares. La peregrinación a Roma atraviesa malos momentos. La Iglesia clama por profundas reformas ante la relajación de costumbres, a la vez que no quiere injerencias de los poderes civiles. La peregrinación a los Santos Lugares, aun teniendo presente la gesta de las cruzadas, suponía demasiados riesgos para el peregrino occidental y además, como comenta Georges Duby, «en una época en que se comenzaba a pensar en términos de dinero, demasiado cara. Los jueces flamencos que en el siglo XIII establecieron las tarifas de las indemnizaciones que se exigían para la redención del voto de peregrinación estimaban que, desde Flandes, costaba el triple dirigirse a Palestina que marchar a Galicia». Ante este panorama, los peregrinos pondrán sus ojos en la tumba del Apóstol Santiago como el único de los Apóstoles, a excepción de Pedro y Pablo, enterrado en Occidente y primero que sufrió martirio.

En la propagación del fenómeno santiaguista hay que tener presente la apertura de los reinos cristianos hacia Europa y la expansión demográfica que en ella se produjo. Como ha señalado Martínez Sopena, con el derrumbamiento del Califato de Córdoba aflorará una corriente de dinero «por los tributos con los que los gobernantes de las *taifas* andalusíes garantizaban su pervivencia política. Este súbito enriquecimiento, además, atrajo la atención de una Europa presta a los estímulos, y muchas gentes emprendieron el camino de los Pirineos». A estas gentes que llegaron de más allá de los Pirineos se les conoció con el nombre de francos, e intervinieron activamente en el desarrollo del comercio y de la industria que haría crecer villas y pueblos.

El auge del Camino está relacionado con la entrada de los monjes de Cluny en la Península. Poco después de su presencia, la peregrinación a Santiago alcanza un gran desarrollo, siendo un momento importante para su historia la elección como Papa en 1119 del abad de Cluny Guido de Borgoña, bajo el nombre de Calixto II, que apoyó eficazmente la peregrinación y nombró metropolitana a la iglesia de Santiago.

La peregrinación a Santiago en las fuentes escritas

Hacia mediados del siglo XII apareció la fuente por antonomasia de la peregrinación santiaguista: el *Liber Sancti Jacobi o Codex Calixtinus*, por atribuirse al papa Calixto II. Propagado el descubrimiento de la tumba del Apóstol, era necesario un texto que recopilase todos los escritos surgidos en Europa referentes a la tradición santiaguista; de ello se encargó el clérigo francés Aymeric Picaud, canciller del papa Calixto II. El *Codex Calixtinus* consta de cinco libros: el primero contiene sermones y textos para la liturgia de Santiago; el segundo está dedicado a veintidós milagros hechos por Santiago en distintos lugares de Europa; el tercero narra la traslación del cuerpo del Apóstol a Bisria; el cuarto, conocido por el *Pseudo-Turpín* por atribuirse a Turpín, arzobispo de Reims, refiere la fantástica revelación que Santiago hace a Carlomagno del lugar donde se encontraba su tumba para que la liberase de los infieles; el quinto, el *Liber Peregrinationis*, es la parte más novedosa. Es una guía de viaje en la que aparecen los itinerarios hacia Santiago, las jornadas del Camino de Santiago, los hospitales que daban acogida a los peregrinos, las visitas que se debían hacer a los sepulcros de los santos del Camino, la descripción de las gentes y tierras por donde transcurría el Camino...

El *Codex Calixtinus* fue una fuente que estimuló la devoción a Santiago y que sirvió de propaganda para la peregrinación jacobea, teniendo presente, como dice Klaus Herbers, que «en Europa la vinculación de Santiago con el culto a Carlomagno fomentó el culto al Apóstol y su difusión. De la *Crónica del Pseudo-Turpín* existen cerca de trescientas versiones, bien en latín o en lengua vulgar, cuya difusión no se puede, por tanto, minusvalorar».

Las fuentes escritas ponen de manifiesto la fuerza del hecho santiaguista y su proyección en la peregrinación y en los peregrinos. En su diversidad de formas están presentes las corrientes del momento y los acontecimientos locales del lugar donde se produce la fuente. Por ello, cuando Europa rinde homenaje a Nuestra Señora, en España un códice del siglo XIII de la catedral de Zaragoza recoge la aparición de la Virgen a Santiago sobre un «pilar» que había dado origen a la advocación de la Virgen del Pilar.

En otras ocasiones las narraciones hacen alusión a temas que, por ser consustanciales a la peregrinación, serán recogidos por la literatura de distintos países. Es el caso de la amistad, forjada en las difíciles situaciones por las que atraviesa el peregrino, que lleva a los amigos a hacer insospechados sacrificios. La leyenda está basada en un milagro del libro segundo del *Calixtinus* que, a su vez, se basa en la parábola del buen samaritano: un grupo de peregrinos loreneses, excepto uno, prometen ayudarse a lo largo del camino; uno de ellos enferma, dificultando la marcha, por lo que es abandonado por el grupo. Es socorrido, sin embargo, por el que no hizo el juramento, quien carga con él. Al morir éste, se aparece Santiago a caballo, coge en sus brazos al peregrino muerto y monta en la grupa al peregrino fiel, llevando a ambos hasta el monte del Gozo donde aquél fue enterrado.

rero. En su relato duda de la existencia del cuerpo de Santiago en la catedral, lo cual sirvió para que se le advirtiese de que tal incredulidad tenía como consecuencia la locura. Duda que también manifestó, aunque más suavemente, el médico Jerónimo Münzer en 1494. Por este motivo, en 1501, a un oficial de Felipe I el Hermoso se le informó de que la duda podía llevar consigo la excomunión. Todos ellos comentan que no pudieron ver el cuerpo de Santiago, siendo una práctica de muchos santuarios enseñar o tener expuestas las reliquias para que los peregrinos las pudiesen contemplar. Fue el inicio de una corriente de conciencias críticas que plantearon serias dudas sobre la existencia del cuerpo del Apóstol en la catedral compostelana.

Aunque sean excepcionales, hay relatos esporádicos y apócrifos, como el recogido por Jan van Herwaarden, sobre la creación en 1290 de una Orden de Caballería dedicada al Apóstol Santiago por el conde de Holanda Floris V. Aun siendo un suceso anecdótico, es de máxima importancia porque nos transmite el impacto que supuso todo aquello relacionado con la figura del Apóstol, insertándolo en los movimientos vigentes, como es el auge de las Órdenes Militares.

La impronta que dejó el hecho santiaguista en la cultura escrita europea se pone de manifiesto en las narraciones en las que, sin ser una fuente directa, se hace referencia a la peregrinación o al peregrino santiaguista. Dentro de la narrativa española han inspirado, igualmente, bellos pasajes, como el romance asturiano recogido por J. Menéndez Pidal:

En camino de Santiago
Iba un alma peregrina

Una noche tan oscura
Que ni una estrella lucía;

Por donde el alma pasaba
La tierra se estremecía.

Peregrinos a su paso por El Ganso —León—. La peregrinación fue un momento propicio para forjar la amistad.

Posteriormente se podría visitar en la capilla de San Lorenzo. Así, con el paso del tiempo, la leyenda se convirtió en realidad

Otro capítulo dentro de la literatura lo forman las narraciones de los peregrinos o viajeros que, según su propia experiencia del viaje, recogen o hacen alusión a distintas matizaciones que enriquecieron en su conjunto la narrativa de la peregrinación. Arnold von Harff, en su guía (1499) advierte de la conveniencia de llevar suficiente oro para evitar problemas durante la peregrinación que él debió tener, al igual que para otros peregrinos, además del sentido religioso el sentido de un viaje aventu-

Los peregrinos

El nombre de peregrino se ha dado por antonomasia a quienes se dirigían a Santiago de Compostela. Dante Alighieri en su *Vita Nuova* nos lo describe así:

Se llaman palmeros aquellos que viajan a ultramar —Santos Lugares—, donde frecuentemente reciben la palma; se llaman peregrinos los que van a la casa de Galicia, dado que la sepultura de Santiago se encuentra más lejos de su patria que la de cualquier otro Apóstol; se llaman romeros aquellos que van a Roma.

El Centro Europeo de Estudios Compostelanos calcula que entre los siglos XI al XIII peregrinaron anualmente a Santiago entre 250.000 y 500.000 peregrinos. Dada la población de la época, fue una riada de viajeros que desafió los peligros que implicaba tan largo recorrido. Lo que movió fundamentalmente a los peregrinos fue el hecho religioso, pero no podemos olvidar que hubo también otras motivaciones, más o menos conscientes, que originaron distintos tipos de peregrinos.

El peregrino más característico fue el que se dirigió a Santiago para venerar al Apóstol, tratando de asegurar así la salvación de su alma. Fueron los **peregrinos por devoción** para quienes la dureza del Camino servía de mortificación y ascesis hacia su último destino. Para ello, no dudarán en añadir a las dificultades de la ruta las suyas propias, como caminar descalzos, arrastrar cadenas... Aunque ignorados por las fuentes, por ser la peregrinación un acto frecuente en la vida medieval, fueron muchos los peregrinos que emprendieron el viaje por tan alto motivo.

Nos ha quedado constancia de algunos personajes de los estamentos de prestigio. Dentro de la jerarquía eclesiástica, tenemos noticia de los dos primeros obispos que fueron como peregrinos a Santiago en el siglo X: Gotescalco del Puy y Hugo de Vermandois de Reims. De esta misma época encontramos también constancia de la peregrinación del abad Damián, del monasterio de San Pedro de Cardeña, y Cesáreo de Santa Cecilia, de Monserrat.

En el siglo XIII llegó a la tumba del Apóstol, San Francisco de Asís. También tenemos noticia de la peregrinación a Santiago de santas mujeres: en el siglo XII lo hicieron Santa Paulina —alemana— y Santa Bona de Pisa que, posteriormente, dedicará su vida a acompañar a los peregrinos italianos a Santiago; en el siglo XIII Santa Ingrid —sueca— que fundó en su país el primer convento dominico femenino; la mística Santa Brígida de Suecia (XIV); esta santa tuvo varias visiones celestiales que pudieron contemplar sus acompañantes; la reina Santa Isabel de Portugal (XIV) a la que el arzobispo de Compostela regaló un bordón con el que hizo milagros.

Reyes y nobles también emprendían viajes devocionales a los lugares de peregrinación, lo que agradaba al pueblo, que veía cómo los gobernantes compartían sus sentimientos y actos religiosos. En el siglo X, el conde Fernán González inaugura la lista de los que llegarán, con el transcurso del tiempo, a la tumba del Apóstol. A su lado aparecen sus mujeres que ofrecieron ricos presentes y estimadas reliquias a la iglesia compostelana, como la cabeza de Santiago el Menor, donada por la reina Urraca (1117), que Mauricio, arzobispo de Braga, había traído de Jerusalén y estuvo depositada, hasta entonces, en San Isidoro de León. En otras ocasiones es a ellas a quienes el prelado hará valiosos presentes, como fue la entrega de una «mano de Santiago» en 1125 a Matilde, hija de Enrique I de Inglaterra, que fue venerada en la abadía de Reading.

Teniendo presente las cifras a las que hemos aludido anteriormente, por los pocos nombres de peregrinos que han llegado hasta nosotros sabemos que vinieron de todos los lugares y de los más diversas profesiones, como el librero de París Nicolás Flamel, el pintor flamenco Jan van Eyck o el literato inglés Rivers.

Como veremos en el apartado de hospitales, si el médico medieval aconsejaba al enfermo rogar a los santos para su curación, muchos debieron ser los **peregrinos por enfermedad** que se pusieron en camino con la esperanza de que en ellos se hiciese realidad el poder curativo atribuido a Santiago que vemos expresado en el *Liber Sancti Jacobi*:

> *devuelve la vista a los ciegos, el paso a los cojos, el oído a los sordos, el habla a los mudos, la vida a los muertos y cura a las gentes de toda clase de enfermedades para gloria y alabanza de Cristo.*

Y, como comenta Uría Ríu, Aymeric incluye en el *Codex* una lista de enfermedades que debió copiar de algún tratado médico de la época para que nada escape al poder milagroso del Apóstol:

> *leprosos, frenéticos, negríticos, maniosos, sarnosos, paralíticos, artéticos, escotomáticos, flegmáticos, coléricos, posesos, devios,*

remulosos, cefalárgicos, emigránicos, podágricos, estranguieriosos, disuriosos, febricitantes, caniculosos, hepáticos, fistulosos, tísicos, disentéricos, a serpéntibus lesos, hictéricos, lunáticos, estomáticos, reumosos, dementes, epiforosos, albuginosos.

Había quien emprendía el Camino porque en algún momento de apuro pidió protección a Santiago y la situación se había resuelto favorablemente. Este grupo de **peregrinos por promesa** abarcaba un gran número de casos, desde quien había pedido tener un hijo y prometía a cambio peregrinar a la tumba del Apóstol, hasta quien, estando preso, se había encomendado a Santiago y al poco tiempo era puesto en libertad, o el de quien viendo en peligro su vida o la de algún familiar, al encomendarse al Apóstol recobraba la serenidad ante la certeza de que la situación de peligro había desaparecido.

Los **caballeros peregrinos,** teniendo a Santiago como su adalid, hacían la peregrinación como un ejercicio propio de su condición, pasando el objetivo religioso a un segundo plano. Así participaban en la celebración de su entretenimiento favorito: el torneo, como una manera de «entrenamiento» que, además, procuraba honores al vencedor. Los caballeros de Alfonso XI, durante su estancia en Burgos, invitaban a justar con ellos a todos los de tal condición que por allí pasaban. Vázquez de Parga recoge el llamamiento del senescal Hainault de Werchin que, en su peregrinación a Santiago, anunció su intención de justar con todo caballero que lo tuviera a bien, siempre que no le desviase más de cien kilómetros del Camino.

Dentro del combate por diversión y gloria, el más famoso del Camino es el conocido con el nombre de «El Paso Honroso». El autor del hecho fue Suero de Quiñones, caballero de la corte de Juan II, quien, dispuesto a que tuviera una gran difusión su maestría en el manejo de la lanza, eligió un año jubilar (1434) para ejecutar su hazaña. Junto con nueve caballeros se comprometió a romper hasta trescientas lanzas en combate para sentirse libre de la esclavitud en la que le tenía su amada. Hizo el anuncio en un baile de la corte ante la presencia de Juan II, quien le concedió el permiso para el torneo y, seguidamente, se establecieron las normas por las que se había de regir. El suceso fue anunciado por todos los lugares *do andar se podía*. Las justas se celebrarían en el puente del Órbigo. La duración del torneo fue de un mes —en torno a la festividad de Santiago— y en él intervinieron sesenta y seis caballeros venidos de todos los «lugares» y, al final de cada jornada, los caballeros que habían participado en la justa lo celebraban con un banquete, como era usual en este tipo de fiestas. Finalizada la hazaña, Suero de Quiñones fue a postrarse ante el Apóstol, al que ofreció su victoria.

Fueron numerosos los testimonios de caballeros que, en solitario o en grupo, realizaron el viaje con sus escuderos y, en ocasiones, rodeados de un gran boato que ponía de manifiesto su condición. El Camino está jalonado de representaciones donde el combate es protagonista: Roldán contra Ferragut, dentro de la gesta carolina, y Santiago Matamoros, dentro de la gesta contra el Islam, imágenes que a los caballeros recordaban su condición de tales, haciéndoles sentir la arrogancia de su estamento.

El largo recorrido que suponía la peregrinación a Santiago de Compostela y, por tanto, tener que atravesar distintos pueblos con sus diferentes culturas y costumbres, tuvo que ser atractivo para los espíritus cultos y viajeros a los que el hecho religioso debió servirles de pretexto para convertirse en **peregrinos por deleite**. Uno de estos peregrinos fue el ya mencionado, Jerónimo Münzer, médico de Nuremberg que abandonó la ciudad cuando se declararon las pestes de 1484 y 1494, siendo en esta última fecha cuando visitó Santiago. Marta González

El combate entre Roldán y Ferragut en el Palacio Real de Estella nos recuerda la gesta carolina y el talante caballeresco de la época.

Vázquez expone cómo «los viajes de devoción a santuarios, tanto cercanos como más alejados, eran una de las diversiones aceptadas para las mujeres solas. Un texto del Caballero Cifar nos ilustra sobre los placeres de estas lícitas escapadas piadosas: *«Un ome bueno avia una fija muy fermosa et muy leída e de buena palabra e de buen resçibir et plaziale mucho de dezir et de oyr, et por todas era muy visitada, et era familiar de muchas dueñas quando yvan a los santuarios en romería, por muchas plazenterías que les sabía dezir»*. Dentro del seno de la Iglesia, diferentes voces se alzaron contra la peregrinación de las mujeres que, según el franciscano Bertoldo de Ratisbona, generaban más pecados que indulgencias.

En diferentes mandas testamentarias aparece la voluntad del difunto de que alguien peregrinase a Santiago en su nombre para beneficio de su alma. Fueron los **peregrinos por delegación** o por haber hecho una promesa. Surgieron cuando una persona que pensaba hacer el Camino enfermaba y, no pudiendo hacer el viaje, otra lo hacía en su lugar, o en momentos de epidemias, sequías o plagas en que enviaban peregrinos a Compostela para solicitar ayuda. Todos ellos hacían la peregrinación a cambio de una compensación económica. También una persona se podía ver liberada del voto de ir a Santiago si pagaba a la Cámara Apostólica o a alguna otra autoridad eclesiástica más cercana la misma cantidad que se fuera a gastar en la peregrinación.

También hubo **condenados a peregrinar.** En función de la dureza de los viajes, desde principios de la Alta Edad Media la peregrinación se aplicó, por diversos motivos, como cumplimiento de una pena canónica tanto a clérigos como a seglares. A los primeros se les podía aplicar por un homicidio, por lujuria..., a los segundos por robar bienes de la iglesia, por adulterio... En la zona meridional de Francia, los tribunales de la Inquisición condenaban a los cátaros a realizar distintas peregrinaciones entre las que se encontraba la de Santiago. Se conocen sentencias en Francia y Alemania y, en mayor medida, en la jurisdicción urbana de los Países Bajos, donde llegó a adoptarse como pena civil en el siglo XIII. Como ejemplo ilustrativo exponemos uno de los recogidos por Vázquez de Parga: en 1523 se dispone en Saint-Trond contra los adúlteros que si su adulterio era público tenían que peregrinar a San Martín de Tours; si pasados quince días después de su vuelta no se separaban, tenían que peregrinar a Santiago y si a los quince días de su vuelta no abandonaban su estado de adulterio, se les amputaba una mano o un pie y eran condenados para siempre al destierro. Todos los condenados a peregrinar debían de hacer la peregrinación con un distintivo que los declaraba públicamente como tales.

No pocos problemas crearon los **disfrazados de peregrinos,** pues, bajo esa apariencia, se ocultaban vagabundos, buscavidas, delincuentes, facinerosos y bandidos organizados que llegaron incluso al crimen. Todos ellos hacían sus felonías dentro del movimiento de la peregrinación, al tiempo que se aprovechaban de las ventajas y exenciones de que gozaban los peregrinos. Delitos y abusos que se podían salir del marco del Camino, pero que pertenecían a este movimiento. Así podríamos citar, entre otros casos, el del peregrino alemán que fue acuchillado por sus compañeros de peregrinación en un barco que zarpó de Stralsund.

2. Hacia la tumba del Apóstol

Todo el mundo debe recibir con caridad y respeto a los peregrinos, ricos o pobres, que vuelven o se dirigen al solar de Santiago, pues todo el que los reciba y hospede con esmero, tendrá como huésped, no sólo a Santiago, sino también al mismo Señor...

(Aymeric Picaud, *Liber Peregrinationis*)

Mural de Sarriá, próximo a la iglesia de Santa Marina.

El preámbulo de la peregrinación

Hay que tener presente que los atributos, las condiciones y forma de peregrinar que vamos a exponer a continuación es algo que se fue perfilando a lo largo del tiempo. Sabemos cómo era su planteamiento hacia mediados del siglo XII; sin embargo, son escasas las fuentes que hacen alusión a la peregrinación en fechas anteriores, a no ser que hagan referencia a personajes de un cierto rango dentro de su estamento social. Pero es indudable que ese gran número de personajes anónimos fueron los pioneros que marcaron y abrieron la brecha de la peregrinación.

El peregrino, al igual que el viajero actual, lo primero que hacía era informarse de las condiciones del trayecto que tenía que recorrer, tanto desde el aspecto climático, como del tipo de terreno por el que debía de transitar, dónde podía pernoctar, qué podía comer y qué era lo típico y peculiar de los lugares por los que iba a pasar, qué peligros o contrariedades le podían surgir... Lo primero que hace el hombre viajero de hoy es comprarse una guía que le responda a las preguntas antes planteadas, para informarse de cómo es el país o la región hacia la que se dirige su objetivo. De igual forma, habla con amigos que hayan realizado ya el viaje, porque, además de darle nuevas respuestas a sus interrogantes, le pueden transmitir de manera directa su propia experiencia. Esta relación personal es más enriquecedora, ya que puede clarificar aspectos de la peregrinación a los que la guía no puede ni pretende llegar, ya que su finalidad es ofrecer una visión general del Camino. El peregrino, una vez informado, prepara la partida. Sus medios económicos condicionarán la manera de hacer el viaje. Se provee de la ropa necesaria que le sea cómoda y útil para el camino y se informa y adquiere los documentos que le facilitarán la entrada gratuita en los museos.

El *Liber Peregrinationis*, quinto libro del *Calixtinus*, como hemos mencionado anteriormente, se convirtió en la primera «guía turística» del peregrino santiaguista, sin que ello suponga que la tuvieran o fuera conocida por todos los peregrinos. Dependerá, en gran medida, de la condición social del peregrino y del tipo de viaje que realice. Su utilidad era restringida para aquellos que peregrinasen por vía marítima.

Una de las mayores fuentes de información de la peregrinación jacobea la constituían los antiguos peregrinos. Después de realizado el viaje, los peregrinos de una misma zona se solían reunir en cofradías, lo que les daba un cierto prestigio ante sus vecinos. En ellas, según apunta Robert Plötz, se representaban «dramas de tema jacobeo donde, frecuentemente, daban la nota antiguos peregrinos». En sus reuniones transmitían su experien-

Portada de la iglesia de San Juan de Ortega. Dadas las dificultades que ofrecía el Camino, en muchas ocasiones la peregrinación se realizaba en grupo.

cia a los que iban a partir, comentando las peculiaridades de su marcha y lo que para ellos había supuesto la peregrinación.

El peregrino se proveía de cartas de recomendación y salvoconductos que atestiguasen su condición de tal y le evitase pagar los peajes y tributos del tránsito. Paulatinamente, fueron apareciendo numerosas normas y costumbres en los distintos reinos de la Península en favor de la «economía» del peregrino:

> ...vos mandamos firmement et a cada unos de vos, que a los sobredichos nobles o al portador de las presentes por eillos con toda compayna, bestias, monedas de oro et de plata et todos otros quoalesquiere bienes de yda, morada et tornada dexedes andar et pasar por el dito Regno (Navarra) salvament, francament et quintament sens pagar peages et costumbres algunas...

La época de mayor afluencia de peregrinos era de primavera a otoño por las mejores condiciones climáticas. Dadas las dificultades que el Camino ofrecía en su recorrido, la peregrinación era realizada en grupo sin que se pueda descartar al peregrino que lo hacía en solitario. Al frente de ellos podía ir un clérigo o monje. Se reunían los de un mismo pueblo y, en caso de que fueran un número reducido, se juntaban con los de otros lugares vecinos. Si el viaje lo hacían a pie, procuraban tener un jumento que les transportase la carga y, si lo hacían a caballo, en los últimos tramos del Camino se apeaban de las monturas para entrar andando en Santiago.

Para tan largas jornadas, el peregrino buscó la comodidad en su indumentaria, que acabó siendo algo específico de él y que le sirvió para ser identificado como tal y así obtener las prerrogativas de que gozaba por su condición.

La indumentaria característica estaba formada por un abrigo con esclavina para defenderse mejor del frío; un sombrero de ala ancha que le protegería del sol y de la lluvia; y unos buenos zapatos para realizar el camino. Solían gastar más de un par, por lo que algunos hospitales tenían previsto regalar un número determinado de zapatos al año, como el de Santa María la Real de Burgos, que daba cincuenta pares.

Elementos fundamentales en la indumentaria del peregrino eran la esportilla y el bordón. La esportilla era de piel de distintos tamaños y formas y se utilizó para guardar las vituallas; sobre ella se ponía una de las veneras. El bordón era un palo largo terminado en una contera metálica que servía para ayudarse a caminar y como defensa que ahuyentase a las alimañas. Eran los atributos que, como veremos, se les entregaba en la ceremonia que precedía a la marcha.

El peregrino llevaba colgando la calabaza, unas veces atada a la cintura y otras en el bordón. Al principio iban llenas de agua para apagar la sed, aunque más tarde se llenarían también de vino, lo que dio lugar a todo tipo de sátiras en la literatura.

El distintivo por antonomasia del peregrino fue la venera que, según el sermón *Veneranda dies* del *Liber,* es símbolo de las buenas obras. El que aparezca repetidas veces sobre su indumentaria es probable que sea, como comenta Vázquez de Parga, por el milagro realizado por Santiago al sacar del mar, en el que se había hundido al desbocarse su caballo, a un príncipe cubierto de conchas. Hecho que puede tener su origen en uno de los milagros narrados por el *Codex Calixtinus,* en que se hace referencia a cómo Santiago sacó del mar a un caballero que al volver de una cruzada había prometido peregrinar a Santiago. Por ello también se da a la venera un sentido de protección.

El peregrino iba visitando los santuarios que jalonaban el camino, y una manera de tener constancia de su presencia en ellos era portar sobre sus vestiduras los sellos de peregrino. Eran una pieza plana de distintos metales con argollas para poderse coser y servían de garantía para las exenciones y favores de que gozaban. En el de Santo Domingo de la Calzada aparece el Santo de pie sobre un puente con un gallo y una gallina sobre sus brazos y, a sus pies, un personaje arrodillado con una cuerda al cuello que sujeta el Santo. El de Villalcázar de Sirga muestra la imagen de Nuestra Señora con unos orantes en la parte baja y la inscripción *S' Sante Marie de Villasirga*.

El acto de la partida

La partida se iniciaba con una ceremonia cuya magnificencia, al igual que la de la llegada, estaba en relación con la categoría social de los peregrinos. La fórmula aparece en ceremoniales litúrgicos de la zona catalana anteriores al *Codex*, que también la recoge. Se celebraba el acto de la penitencia y, a continuación, se bendecían las esportillas y los bordones que les eran entregados al mismo tiempo que se pronunciaba la oración:

> En nombre de Nuestro Señor Jesucristo recibe esta esportilla, signo de tu peregrinación, para que corregido y enmendado merezcas llegar a la iglesia de Santiago, a donde deseas ir y, terminado tu viaje, vuelvas con nosotros incólume y con gozo, gracias a la ayuda de Dios, que vive y reina por los siglos de los siglos. Amen.

> Recibe este bordón, apoyo de tu viaje y trabajo para el Camino de tu peregrinación, para que puedas vencer a todas las multitudes de enemigos y llegar seguro al templo de Santiago y, terminado tu Camino, vuelvas a nosotros con alegría, consintiéndolo Dios, que vive y reina por los siglos de los siglos. Amen.

Vázquez de Parga recoge un espléndido ceremonial, fechado en 1529, de dos peregrinos que fueron enviados por el cabildo de la catedral de Gerona para implorar la lluvia. El acto comenzó a las dos de la madrugada con los maitines y una solemne procesión. A continuación se celebró la misa de Santiago en el altar mayor y, al finalizar, el celebrante bendijo las ropas, el bordón y la esportilla. Se organizó una procesión por la ciudad; delante de la cruz iban un gran número de niños y niñas a los que se les dio una moneda al terminar. En un determinado punto de la ciudad, se unió el clero y el pueblo, que se paró en la puerta de la iglesia del hospital donde entonaron una serie de cantos y se bendijo a los peregrinos, los cuales tenían en sus manos las esportillas para guardar las limosnas que les quisieran dar. Desde aquí, los peregrinos partieron hacia Santiago mientras continuaba la procesión.

A su regreso, se dirigieron al hospital de donde habían partido. Una vez comunicada la noticia al Obispo, salió el cabildo a recibirles en procesión a través de la ciudad, donde los peregrinos con sus «hábitos ajados esperaban devotamente» en medio del camino. Puestos de rodillas se dijeron las oraciones; seguidamente se les indicó que se levantasen y todos dijeron *avete*. La procesión continuó hacia la catedral donde se entonó la Salve Regina y, llegados al altar mayor, se pronunció la oración de gracias.

El reposo en el Camino

Si una manifestación de la caridad cristiana es asistir a quien no tiene donde reposar, su práctica generó centros de acogida que se extenderán a lo largo del territorio peninsular. El hospital medieval fue un lugar de acogida y reposo para todos estos pobres, desvalidos, viajeros y enfermos. De igual forma, dio lugar a los llamados lazaretos, dedicados al cuidado de los leprosos, también presentes en el Camino.

En los comienzos de la peregrinación jacobea, los peregrinos fueron acogidos en los monasterios y, en muchas ocasiones, pasaban la noche en los pórticos de las iglesias. Hacia mediados del siglo XI crecieron los hospitales en las ciudades, villas y pueblos, que se situaron a la entrada de las poblaciones, si bien hubo alguna fundación con anterioridad a la citada fecha. En muchos de ellos tenía prioridad de acogida el peregrino sobre el resto de personas. Dada la función para la que nacen estos centros, hubo hospitales que se erigieron en lugares desérticos de población y donde era más difícil el paso a los peregrinos; para orientarles hacia ellos en las noches oscuras y en los días de niebla, una campana tañía ininterrumpidamente. Así nacieron el hospital del puerto de Ibañeta o el de Foncebadón en el monte Irago.

En la fundación de estos hospitales intervinieron los distintos estamentos de la sociedad, siendo numerosas las fundaciones episcopales a lo largo de la Edad Media. En Santiago, el obispo Diego Gelmírez, tan unido a la catedral, tuvo una gran

En el antiguo límite entre los reinos de Castilla y León, en una desértica llanura, los peregrinos se encontraban con el hospital de San Nicolás.

León. De las múltiples reformas del antiguo hospital de San Marcos de la Orden Militar de Santiago, sólo queda su puerta del siglo XIII que da paso al nuevo albergue de peregrinos, cubriendo así las necesidades de la actual demanda en la ruta jacobea.

preocupación por la práctica de la acogida y, ya antes de su nombramiento, fundó un hospital al que dotó de numerosas limosnas que también hizo llegar a otros ya fundados con anterioridad.

En las reglas de las órdenes monásticas aparece de forma explícita la hospitalidad. Por tanto, la atención al peregrino será una labor que desarrollarán a lo largo del Camino, bien dentro de las hospederías y hospitales que crecen anexos a sus monasterios o haciéndose cargo de fundaciones que les eran encomendadas. Aunque fueron los benedictinos quienes estuvieron presentes en mayor número —cluniacenses y, en menor medida, los cistercienses—, también ejercieron la hospitalidad en el Camino los agustinos y las comunidades que siguieron la confraternidad de su regla como ocurrió en la cumbre del puerto de Ibañeta, o los premostratenses, que siguen la regla agustiniana, al igual que la de los antonianos que se dedicaron al cuidado de los enfermos del «fuego de San Antón» —erisipela maligna—.

La actividad de las Órdenes Militares en el mundo medieval fue militar, religiosa, económica y hospitalaria. Las que mayor incidencia tuvieron en el Camino fueron las del Temple, Santiago y San Juan de Jerusalén, también conocida como la Orden del Hospital por el origen de su fundación y por su función hospitalaria; siendo las dos últimas las que tuvieron mayor número de encomiendas. En el estudio de Matellanes y de Rodríguez-Picavea queda patente, la presencia de estas Órdenes en el Camino castellano-leonés, «el predominio de la actividad económica sobre las restantes, que se manifiesta fundamentalmente en la Orden del Hospital». Dentro de sus hospitales está el templario de Villasirga, el hospitalario del Órbigo y el santiaguista de San Marcos en León. Y no faltaron, aunque de manera testimonial, la presencia de Órdenes Hospitalarias como la italiana de Santiago de Altospacio que tuvo un hospital en Astorga con el único fin de ayudar a los peregrinos.

Fueron numerosas las fundaciones favorecidas por los monarcas, siendo hitos del Camino el hospital del Rey de Burgos o el hospital Real de Santiago de Compostela. También proliferaron los hospitales surgidos de manos de la nobleza; valga como ejemplo la fundación de uno de ellos por una condesa en la provincia de Lugo, lugar que, actualmente, se conoce por Hospital de la Condesa.

El número de hospitales fue creciendo a lo lago de la Edad Media. Hacia mediados del siglo XIII sus fundadores serán, además de los ya citados, los concejos, personas devotas y grupos de diversa índole que formaban cofradías. Citaremos, como ejemplo, las parroquiales que, aunque también atendían a los peregrinos, sin embargo muchos de sus hospitales tenían la función primordial de asistir a sus miembros más desvalidos.

El mantenimiento de los hospitales se hacía con las rentas del patrimonio, generalmente rústico, con que habían sido creados. También hubo otros muchos que se mantenían mediante limosnas, así como los que participaban de una solución intermedia entre las dos anteriores. Las fundaciones designaban a los hospitaleros, frecuentemente matrimonios, que eran los encargados de llevar el hospital. Dependiendo de la amplitud del hospital, había sirvientes para realizar las distintas tareas, siendo normalmente desempeñadas por mujeres. Una carta de un subprior de Roncesvalles del siglo XVI especifica que las mujeres no sean *melindres* para tener bien limpios a los enfermos. De igual modo, en el hospital del Emperador de Burgos, se hace referencia a cómo fueron reemplazados los hombres por mujeres porque éstas gastaban menos.

En los hospitales variaba el número de camas. Hubo un gran número de pequeños hospitales que podían tener en torno a doce, en recuerdo de los Apóstoles; esto no supone que sólo durmieran doce personas, ya que en el Medievo era costumbre dormir más de una persona por cama. Existían habitaciones separadas para hombres y mujeres y, muy probablemente, también para aquellos que roncasen, pues, aunque no se tenga constancia expresa, esta circunstancia se dio en otros hospitales de fuera del Camino. Existen testimonios de que, cuando no había sitio suficiente, se solía dormir en pajares o incluso a cielo raso, aunque en los compartimentos del hospital.

Las atenciones que en ellos podían recibirse variaban de unos a otros, pero siempre tenían garantizado un sitio junto a la lumbre y un lugar donde poder dormir. La estancia podía ser de uno o dos días a excepción de los enfermos y, para evitar la picaresca, hubo hospitales que marcaban los días de estancia con muescas en el bordón. No fue norma general dar de comer en los hospitales, había quienes daban comidas y quienes no lo hacían y otros que únicamente ofrecían este servicio en épocas determinadas, como fiestas litúrgicas. El mejor conocido es el hospital del Rey de Burgos que, a finales del siglo XV, daba como ración a cada peregrino un kilo de pan, un litro de vino, un potaje de legumbres y carne o pescado en época de cuaresma.

Teniendo presente lo que fue la medicina en el mundo medieval, fueron muy raros los hospitales con médico. Entre sus

Burgos. El Hospital del Rey ha sufrido diversas renovaciones desde su fundación en 1195 por Alfonso VIII. Su actual fachada pertenece a la obra del siglo XVI.

consejos habituales figuraba el de rezar a los santos. Los enfermos del Camino confiaban en Santiago y en otras advocaciones tenidas por milagrosas, entre las que figura a la cabeza Santa María de Villasirga, a la que volveremos al hablar del Camino. Los cuidados médicos que recibían los enfermos eran dispensados, generalmente, por el hospitalero, por lo que la medicina casera debió de incrementar sus conocimientos en el contacto con los diversos peregrinos. Los especieros y herboristas, aunque vendían remedios para los cuerpos enfermos, no estuvieron al margen de la picaresca y el *Codex Calixtinus* advierte contra los falsos jarabes que nada curan. Serán posteriores a la Edad Media las noticias sobre la presencia de médicos, cirujanos y boticarios en hospitales del Camino y restringida a los grandes hospitales.

La llegada a Santiago

Cuando, desde el monte del Gozo, los peregrinos veían la catedral del Apóstol, su cansancio desaparecía y las penalidades del viaje eran olvidadas. Al visitar la capilla de San Marcos les eran concedidos 100 días de indulgencia. Según Aymeric Picaud, la noche de su llegada velaban junto a Santiago, para lo que se agrupaban por naciones y era tal la cantidad de cirios que ardían en el altar del Santo que parecía que el sol iluminase el interior de la iglesia, mientras que acompañaban sus cánticos tocando instrumentos.

Vázquez de Parga comenta que «en esta vela debían hacerse patentes rivalidades nacionales que a veces estallaban en reyertas sangrientas. No debían ser poco frecuentes estas batallas, a veces con muertos y heridos dentro de la basílica compostelana, cuando en el año 1207, y a petición del arzobispo Pedro Muñiz, concedió el papa Inocencio III que la iglesia pudiese ser reconciliada, sin necesidad de nueva consagración, después de haber sido profanada por un derramamiento de sangre».

Los peregrinos se congregaban delante del altar de Santiago para la misa matinal. Seguidamente, se iniciaba la ceremonia de las ofrendas, realizada por el peregrino en su propio nombre o en el de otras personas que se lo hubiesen encargado. La ofrenda podía ser para el arca de la obra de Santiago, para el altar de Santiago o para los objetos sagrados de la catedral. El ceremonial daba comienzo con las ofrendas del arca de la obra; el encargado de ella tocaba a los peregrinos con una vara, mientras un clérigo decía las indulgencias que se concedían, al tiempo que los peregrinos eran invitados en los distintos idiomas a depositar la ofrenda:

E vos de Campos —Tierra de Campos— *e del Estremo* —Extremadura— *acá, veinde a la archa de senor Santiago. Las comendas que trahedes de mortos et de vivos para la obra de senor Santiago, acá las echade et non en outra parte.*

Al final de la mañana se hacían las ofrendas para el altar de Santiago y, posteriormente, para los objetos del tesoro, entre los que figuraba con prioridad la corona de Santiago. Las ofrendas se hacían en distintos lugares u *honores* de la catedral. La del arca de la obra junto a las rejas de la capilla mayor, la del altar de Santiago en el propio altar y la de los objetos en el lugar del tesoro.

Después de confesar y comulgar, en la capilla de San Luis se les entregaba el certificado de haber hecho la peregrinación y otro en el que se hacía constar que habían recibido los citados sacramentos. Otro de los ritos realizados por los peregrinos era dar el abrazo a la imagen de Santiago que estaba sobre el altar mayor.

Para el hombre medieval eran muy importantes las indulgencias, pues suponían reducir los días de estancia en el purgatorio y, por tanto, llegar antes a la meta ansiada: estar con el Padre en la Jerusalén Celeste. Las indulgencias que se concedían en Santiago podían ser de distinta amplitud según lo realizado:

– Cuarenta días de indulgencias por cada vez que se participase en la procesión realizada los domingos en la catedral.
– Doscientos días por oír una misa celebrada por un cardenal, obispo, arzobispo o deán en el altar de Santiago.
– Seiscientos días a todos los que participasen en la vigilia de Santiago, en el día de su festividad y en el dedicado a la iglesia, además de lo ya mencionado en la cláusula anterior.
– A quien fuese a peregrinar a Santiago le serían perdonados la tercera parte de sus pecados, e incluso todos si moría durante la peregrinación.
– La indulgencia plenaria —perdón de todos los pecados— se concedía a todos aquellos que hiciesen la peregrinación en el año santo. El jubileo se celebra todos los años en que la fiesta de Santiago coincide en Domingo.

Capitel de Pórtico Meridional de Jaca. El rey David junto a otros músicos tañendo sus instrumentos traen a la memoria el movimiento trovadoresco que se dio a lo largo del Camino.

La espléndida figura del rey David en la Portada de Platerías de Santiago de Compostela nos introduce en los cánticos con texto métrico —tropos— que, en otro tiempo, se entonaron en la Catedral.

Todos estos actos se celebraban con mayor solemnidad en el año jubilar y en las fiestas del Apóstol: conmemoración de su martirio —25 de julio— , fiesta de sus milagros —3 de octubre— y en memoria de la traslación de su cuerpo —30 de diciembre—. También cuando llegaban a Santiago personajes de gran rango social. En las grandes fiestas y siempre que hubiese gran afluencia de peregrinos, se ponía en funcionamiento el botafumeiro para perfumar el ambiente.

La música en la liturgia santiaguista tuvo un protagonismo singular. El Camino de Santiago sirvió de vehículo para que, definitivamente, fuese sustituido el canto hispánico o mozárabe por el gregoriano. A finales del siglo XI, cuando la liturgia hispánica es reemplazada por la galorromana o gregoriana —por atribuirse su autoría a San Gregorio Magno— no había cantos dedicados a la celebración de las fiestas del Apóstol. Hecho que, sin embargo, era común en algunas iglesias francesas que contaban con ellos para celebrar la liturgia del santo de su advocación.

El libro primero del *Calixtinus,* dedicado a los sermones y textos para la liturgia de Santiago, recoge en su último capítulo cantos con texto métrico o versificado — tropos— que se podían introducir en las celebraciones. El tropo, nacido en torno al siglo IX, fue rechazado por algunas comunidades monásticas, como es el caso de la de Cluny. Entró en la Península con el canto gregoriano y marcó un hito en la historia de la música. Fernández Cuesta nos dice que «la novedad era auténticamente revolucionaria, toda vez que rompía el cerco, impuesto por la tradición, al inmutable y sagrado repertorio litúrgico musical de inspiración divina, para dejar libre curso a cantos compuestos por los nuevos maestros».

En las últimas hojas del *Liber Sancti Jacobi* se recogen cantos polifónicos —añadidos poco después de su confección, en torno a 1180— por si querían ser introducidos en la liturgia santiaguista. Este cuadernillo de la polifonía, tan apreciado por los musicólogos, es el que ha llevado, con palabras de López— Calo, a situar a Santiago en la avanzadilla de la música.

3. La vida en el Camino

> *Detrás de la fuente está, según dijimos, el paraíso (atrio), pavimentado de piedra, en el que, entre los emblemas de Santiago, se venden las conchas a los peregrinos. Se venden allí también botas de vino, zapatos, esportillas de piel de ciervo, bolsas, correas, cinturones y hierbas medicinales de todo tipo y demás especias, así como otros muchos productos... La extensión del paraíso es de un tiro de piedra por cada lado.*
>
> (Aymeric Picaud, *Liber Peregrinationis*)

El paulatino crecimiento de la peregrinación y la apertura hacia Europa produjo una corriente de pobladores extrapeninsulares, tanto estables como itinerantes, que se fueron estableciendo a lo largo del Camino. Esto generó un modo de vida en que lo espiritual y religioso se mezclaba con lo material y tangible, simbiosis típica del hombre medieval en la que el Camino iba a dejar marcada su impronta.

La manifestación de la religiosidad en el Camino

Si para la mentalidad medieval la vida era un camino para llegar a la Vida, el Camino era el medio que le conducía al sepulcro del Apóstol. Junto a éste existieron otros pilares en los que se apoyaba el peregrino para poder realizar el trayecto, como fueron los santos que lo jalonaban, unos engendrados por el propio Camino y otros nacidos con anterioridad que se vigorizaron en su contacto con él.

El peregrino se asía a ellos, bien para que le ayudasen en las penalidades del Camino y así poder llegar a su término, bien para que se les manifestasen a través de los milagros que incidían, prácticamente siempre, en mejorar su vida terrenal. Tanto los eclesiásticos como Aymeric Picaud recomiendan la visita a los santos existentes a lo largo de la ruta. El mejor conocimiento por Picaud de los franceses que de los españoles, revela el localismo de muchas de las advocaciones, que no excluye el intercambio que hubo de ellas como consecuencia de la internacionalización del Camino.

Las distintas rutas que desde Europa conducían a la tumba del Apóstol estuvieron jalonadas por una serie de vírgenes, santos y santas, propios de los distintos países, que eran visitados por los peregrinos en su marcha hacia Santiago. Haremos alusión a algunos de los más significativos, como exponentes de su vida y mentalidad y que se encuentran en lo que constituye, propiamente, el Camino de Santiago que transcurre en Hispania. Más adelante trazaremos la ruta del Camino.

A todo lo largo de la ruta o en sus inmediaciones, y con anterioridad a su formación, hubo una serie de advocaciones enraizadas en las tradiciones locales de la zona donde se desarrollaban. Gran difusión tuvo en la Rioja y Castilla San Millán de la Cogolla, que vivió en el siglo VI y cuyo culto empezó, prácticamente, en el mismo momento de su muerte. Enterrado en las cuevas que le sirvieron de morada, fue canonizado en el año 1030. Sus restos fueron desenterrados y guardados en una urna de plata y, poco después, en un relicario de oro y marfil, al que haremos alusión en el apartado dedicado a ciudades, villas y lugares del Camino. De este relicario nos interesan de manera especial las plaquetas de marfil en las que se narra su vida y los numerosos milagros que, por su diversidad, tan elocuentes debieron ser para los peregrinos: en vida hizo, recobrar la vista a una ciega a la que tocó los ojos y, después de muerto, a unos ciegos que veneraban sus reliquias; curó a una paralítica, devolvió la vida a una niña... y el curioso milagro de una viga alargada por su intercesión mientras los carpinteros comían, que expresa cómo el santo atendía a las necesidades cotidianas de cada momento.

Otras ponen de manifiesto la encrucijada existente en Hispania con la presencia del poder islámico: el solemne traslado que patrocinó Fernando I (1063) de las reliquias de San Isidoro desde Sevilla, donde era venerado, a León, lo que supuso un cambio de advocación de la iglesia leonesa que anteriormente estaba dedicada a San Juan y San Pelayo. Este santo acudirá en ayuda de Fernando I en su campaña contra

Valencia. En definitiva, el pueblo sentía la necesidad de estar unido a sus santos a quienes hacía partícipes de los actos de su propia vida.

Santo Domingo de la Calzada es un santo propio del Camino que vivió y alcanzó su santidad por el trabajo que en él desarrolló. Murió el santo en 1109 y, entre los milagros que se le atribuyen, el más famoso es el conocido como del gallo y la gallina. Peregrinaba un matrimonio alemán con su joven hijo y fueron a visitar la tumba de Santo Domingo y, al hacer noche en una posada de Santo Domingo de la Calzada, una de las mesoneras se enamoró del hijo, requiriéndolo de amores, pero el muchacho se negó a ello; despechada, introdujo en su zurrón una taza de plata y le acusó de haberla robado, por lo que fue condenado a la horca. Sus padres siguieron el viaje hasta Santiago y, a la vuelta, decidieron pasar a rezar a su hijo y, ante su sorpresa, pudieron comprobar que seguía colgado y con vida. Rápidamente fueron a contar al corregidor lo que ocurría, como prueba de que su hijo era inocente. Éste, que estaba a punto de comerse un gallo y una gallina recién asados, les contestó que su hijo estaba tan muerto como las aves que estaban sobre su mesa. En ese instante las aves salieron corriendo hasta con plumas, con lo que se demostró que el muchacho era inocente. Santo Domingo había salvado a su hijo, que regresó con ellos a Alemania. Por ello, en el interior de la catedral de Santo Domingo de la Calzada, se conserva una capillita con un gallo y una gallina vivos en recuerdo del milagro realizado por el Santo.

La presencia del gallo y de la gallina en la catedral de Santo Domingo de la Calzada son testimonio del milagro verificado por el santo, inmortalizado en el decir popular: "Santo Domingo de la Calzada donde cantó la gallina después de asada".

Éste es uno de los milagros verificados por Santiago que recoge el *Codex Calixtinus* y que, posteriormente, aparecerá localizado en Santo Domingo de la Calzada y será atribuido al santo local. Fue un milagro que, con ligeras variantes, tuvo gran difusión en distintos países, donde quedó reflejado, tanto en su literatura como en las artes figurativas.

No podía faltar en el Camino la devoción a un Cristo. Los peregrinos se postraban ante el de Burgos. Es una talla del siglo XIV que, según parece, fue adquirido por un mercader que lo entregó a los frailes agustinos. Fue tal su fama y aceptación popular que en la peste de 1455 la imagen de Santa María la Mayor fue llevada en procesión al convento de los agustinos para que intercediera ante su Hijo. En el 1835, fue trasladado a una capilla de la catedral que, desde entonces, adquirió el nombre de la «Capilla del Cristo».

Entre las advocaciones eran obligadas las dedicadas a Nuestra Señora. En la encomienda templaria de Villasirga se veneraba a Santa María la Blanca, imagen con la que los caballeros se sentían plenamente identificados, al sublimar en Ella el amor al que renunciaban en la tierra. En cuanto a milagros, esta Virgen entró, en ocasiones, en competencia con el Apóstol Santiago, pues peregrinos que allí no sanaban lo hicieron en Villasirga. El milagro que de una manera más expresiva manifiesta lo que supuso el santuario es el que aconteció a un peregrino procedente de Toulouse, al que se le había impuesto la penitencia de peregrinar a Compostela con un bordón de hierro muy pesado, para que lo depositase ante el altar del Apóstol. Al pasar por Villasirga y entrar a rezar a Santa María la Blanca, apoyó el bordón en el altar y pidió a la Virgen por sus pecados, momento en el que el bordón quedó roto en dos partes. Al ir a cogerlo para continuar la peregrinación, no lo pudo hacer; clara señal de que los pecados le habían sido perdonados y de que la penitencia había sido cumplida.

Instituida por el papa Urbano IV la fiesta del Corpus Christi (1264), no podía faltar en el Camino algún milagro en relación con ella. Fue en el monasterio de S. Martín donde aconteció el famoso milagro eucarístico que hizo que se conociera a Frómista como la «villa del milagro». Parece ser

La conocida como "piedra del milagro", recuerdo del famoso milagro eucarístico que aconteció en la villa, todavía permanece hoy en pie en una de las calles de Frómista, cercana a la iglesia de San Martín.

que Pedro Fernández de Teresa fue excomulgado al ser denunciado por un judío a las autoridades eclesiásticas de no devolver un préstamo en el plazo establecido. Cuando en el momento de su muerte pidió los sacramentos, el sacerdote pudo comprobar que la Forma, con la que pretendía darle de comulgar, permanecía adherida a la patena. Distintos testimonios han dejado patente la perseverancia del milagro. La última alusión al mismo es de 1868, cuando la Sagrada Forma se mostró a los fieles que acudieron a la iglesia de San Martín para implorar la lluvia por la sequía que padecían sus campos.

La actividad comercial en el Camino

El peregrino, como hombre viajero, tuvo que cubrir una serie de necesidades para su subsistencia y deleite que estuvieron directamente relacionadas con el comercio.

Adquiría los artículos de comida y los llevaba al mesón para que le fuesen preparados y guisados. La venta del pan y de la carne se solía realizar en un lugar fijo, en el entorno de la plaza, mientras que el resto de los productos se ofrecían en tenderetes sin ubicación fija, que se montaban en los mercados situados fuera del centro de la población. La frecuencia de éstos dependía de la importancia de la localidad; en los lugares más pequeños, se solía celebrar semanalmente.

Uno de los artículos primordiales para el peregrino era el calzado. Generalmente solían llevar un par de repuesto, algo que todavía se puede comprobar en el Camino por llevarlos colgados en las mochilas. La zapatería, como oficio o como negocio, debió de ser una actividad que prosperó con el Camino. Sus puntos de venta estuvieron localizados en los mercados o en las calles comerciales. En éstas se encontraban en el mismo local el taller y el punto de venta, que se abría al exterior mediante una serie de anaqueles donde se exponía la mercancía.

Uno de los objetos más vendidos en Santiago de Compostela fue la concha, venera o vieira. Hacia mediados del siglo XII, se hicieron en metales que el peregrino portaba como protección y símbolo de haber hecho la peregrinación. Además fue un «souvenir» que dejó pingües beneficios y en cuyo control de venta llegaron a intervenir las autoridades eclesiásticas. En el siglo XIII estuvieron permitidos cien puestos de venta de los cuales veintiocho pertenecían a la iglesia de Santiago.

La forma de realizar las ventas de los diversos artículos era semejante a la del calzado. Los mercaderes o artesanos de un

Carrión de los Condes. Detalle de la arquivolta de la iglesia de Santiago donde la representación del zapatero es fiel exponente de uno de los oficios más directamente relacionados con el peregrino.

mismo oficio se reunían en cofradías o gremios. Reyna Pastor comenta que fueron escasísimos en la ciudades del Camino, debido, «en buena parte, al rechazo que demostraron los reyes de fines del siglo XII y, sobre todo, del XIII por los gremios y aun por las cofradías». No obstante, por los estatutos de la cofradía de los zapateros de Burgos, conocemos los distintos materiales con que se podía confeccionar el calzado. Las cofradías, como tales, celebraban la fiesta de su patrono y participaban en los actos religiosos del lugar, protegían a sus cofrades y a los familiares más directos.

La mayor concentración de comerciantes y productos se producía en las ferias. Se celebraban anualmente y su tiempo de duración podía oscilar; la de Sahagún permanecía durante tres semanas. En ellas se podían encontrar los artículos más variados y exquisitos y tanto los mercaderes como las mercancías estaban protegidos durante su celebración.

Por acudir a los mercados y ferias para la venta de sus productos, los mercaderes tenían que pagar el *portazgo,* que era un impuesto en favor del rey o de la ciudad; de aquí la importancia de las ferias para el lugar donde se celebrasen. Portazgo al que, en ocasiones, se renunciaba, como en favor de la construcción de una catedral o de un monasterio. En el caso del monasterio de Sahagún le fueron concedidas, además, otras prerrogativas, como vender sus productos antes de que lo pudiesen hacer otros mercaderes que ofrecían los mismos artículos.

El peregrino, en mayor o menor medida y en relación con su condición social, tenía que viajar con dinero. Dada la diversidad de moneda, se hizo necesario recurrir a la figura del cambista que pesaba la monedas para estimar su valor intrínseco. Una gran medida fue la acuñación por Alfonso VIII del maravedí (1173), moneda de oro que empezó a circular por el Camino a finales del siglo XII.

Una parte importante de la actividad artesanal y comercial en el Camino la ejercieron los *francos*, hombres libres que se asentaron en las antiguas villas y ciudades y en aquellas que nacieron en función del Camino. De las primeras existe constancia en numerosos lugares y, entre las últimas, merece destacarse Estella, fundada por Sancho Ramírez en 1090 para que fuese poblada por francos.

Este grupo de nuevos pobladores tuvieron una personalidad característica que quedó reflejada tanto en los burgos que fueron creando, como en los espacios de otras poblaciones en que se asentaron. Pascual Martínez Sopena cita un texto sobre la fundación de la villa de Sahagún que pone de manifiesto su presencia, actividad e identidad:

Cantigas de Santa María de Alfonso X el Sabio. A lo largo del Camino surgieron cambistas que pesaban las monedas para comprobar su valor, hecho que en algunas ocasiones dio pie y fomentó la picaresca.

Carrión de los Condes. Los distintos oficios característicos del mundo medieval aparecen representados, de forma expresiva, en la arquivolta de la puerta de la iglesia de Santiago.

«...*ayuntáronse de todas las partes del uniberso burgueses de muchos e diversos oficios, conbiene a saber, herreros, carpinteros, xastres, pelliteros, çapateros, escudarios e omes enseñados de muchas e dibersas e estrañas provincias e rreinos, conbiene a saver, gascones, bretones, alemanes, yngleses, borgoñones, normandos, tolosanos, provinciales, lonbardos e otros muchos **negociadores** de diversas naciones e estrañas lenguas...*»

A medida que avanza el Camino hacia Santiago, la población de francos disminuye en las villas y ciudades, quedando patente una cierta hostilidad entre ellos y los hispanos.

Los riesgos del Camino: entre lo delictivo y la picaresca

Las distintas formas de «picaresca» incidieron sobre la vida del peregrino, dando lugar a uno de los aspectos negativos del Camino, que les acarreó no pocos trastornos.

Los peregrinos más ingenuos fueron esquilmados por charlatanes que ofrecían indulgencias o bien la posibilidad de venerar reliquias de huesos de animales o cuerpos de santos, que a la postre eran falsos, mostrando espléndidas sepulturas de prelados..., siempre a cambio de una retribución pecuniaria. Y no faltaron los falsos clérigos que como penitencia imponían un número de misas que, por supuesto, les cobraban.

Los gallofos o maleantes engañaban al peregrino para desposeerle de sus bienes. Hubo salteadores violentos que, en solitario o en grupo, podían llegar hasta el asesinato. El aumento de estas «gentes» creaba cierta inseguridad y recelo que transmitían a su regreso para poner sobreaviso a futuros peregrinos.

Hubo desaprensivos que, ante peregrinos desconocedores de las costumbres y leyes de las zonas por las que pasaban, cobraban peajes y tributos de tránsito, de los que estaban exentos.

El engaño en los productos que debían ser medidos, como el vino, se hacía con recipientes que al exterior parecían grandes pero su interior era pequeño por estar trucado. Los cambistas usureros machacaban las monedas pequeñas para mostrarlas, aparentemente, más grandes y hacer trampa en el peso. Y no faltaron, como hemos visto, los vendedores de salud con sus adulterados productos de herboristería.

Una de las formas más frecuentes fue el robo dentro de las posadas que se producía de diferentes formas. Lacarra recoge el caso de Thomás de Londres que fue ahorcado por robar a un peregrino *de noche que dormía en su lecho, seis florines de oro que descosió de la manga de la saya*; de gran interés por mostrarnos una de las formas, quizás la más frecuente, de cómo llevaba el peregrino el dinero.

Los peregrinos se encontraban indefensos ante los posaderos desaprensivos, ya que, habiéndoles dado posada, no tenían ningún escrúpulo de ponerlos en la calle, si llegaba un cliente más adinerado con el que podían sacar mayores beneficios.

Los abusos de los posaderos se volvieron más sutiles en Santiago al ser mayor la demanda de alojamiento. Hubo mesoneros que desplazaban representantes a poblaciones cercanas. Éstos trababan amistad con los peregrinos, a quienes contaban situaciones abusivas de ciertas posadas y ponderaban el buen trato que recibirían en un determinado mesón. De hecho, no sólo eran bien recibidos, sino que también se les obsequiaba con la primera comida. Mas tal «dispendio» era cobrado con creces en la venta de los cirios que los peregrinos adquirían para ofrendárselos al Apóstol. Negocio que dejó pingües beneficios a los posaderos que, en ocasiones, falsificaban la cera a la que añadían grasa de cabra y habas despellejadas para sacar mayor ganancia en la venta.

El sermón *Veneranda Dies* se hace eco de estas y otras muchas artimañas para desplumar al peregrino y le pone sobre aviso. El posadero, en estas advertencias, sale siempre mal parado por ser el mesón un lugar fácil y, por tanto, frecuente, para cometer las tropelías.

La protección al peregrino

Si las abusivas situaciones anteriores generaron una serie de normativas en defensa del peregrino, la protección jurídica y eclesiástica estuvo alerta en los diversos territorios por los que atravesaba en su peregrinaje. Lacarra comenta que «nace así una especie de derecho internacional, protector del peregrino en el que, con rara unanimidad, coinciden todas las legislaciones...».

En muchas ocasiones aparecen las exenciones a peregrinos y mercaderes, pues ambos, aunque por distintos motivos, coinciden en la actividad comercial generando riqueza. Si bien, se pone más el acento en la mejor acogida al peregrino, que viaja en busca de un bien espiritual, que al comerciante, que lo hace únicamente con fines lucrativos.

En los años en los que se podía ganar el jubileo, los reyes solían hacer hincapié en los privilegios ya concedidos o manifestaban, una vez más, la intención de tomar bajo su protección a todos los peregrinos, como fue el caso de los Reyes Católicos que, estando en Guadalupe —Extremadura— en 1476, dirigieron una carta en este sentido a todos los cristianos de las diversas naciones.

Paulatinamente se fueron tomando medidas para que en las ventas no se cobrase más al peregrino que a los naturales de la zona, prohibiéndose todo aquello que, de una u otra forma, estuviera relacionado con el robo al peregrino. Idea que ya recoge Alfonso X en Las Partidas. En Santiago se llegó a un acuerdo entre los comerciantes y las autoridades sobre los precios y, en las Ordenanzas de 1569, se les obligó a que fueran colocados públicamente.

El fuero de Estella dispuso que si un mercader o peregrino acusaba a un mesonero de robo y éste lo negaba, se debería celebrar un juicio de batalla. Si el mesonero perdía el juicio, tendría que restituir tres veces lo robado y dar sesenta sueldos para el rey; si, por el contrario, era al mercader o al peregrino a quienes se declaraba perdedores, deberían entregar sesenta sueldos al señor de la villa. En el reino de León, si en una posada era robado un peregrino, el posadero era condenado a pagar diez maravedís para las arcas del rey y cinco el criado. En Burgos, si un peregrino, antes de abandonar el mesón, acusaba a un mesonero de haberle robado y lo juraba por su peregrinación, éste debía de restituirle lo que había declarado.

Ya el Concilio de Letrán de 1123, presidido por el gran defensor de la peregrinación santiaguista Calixto II, contemplaba la excomunión para aquel que robase a un peregrino.

La acogida, como forma de protección al peregrino, fue algo usual en el Camino y ésta no sólo implicó el alojamiento en los hospitales, sino la atención, ayuda y hospitalidad en un sentido más amplio. Entre las acciones encomiables de las buenas gentes de la ruta, estuvo la de acoger al peregrino en la propia casa, ya que los hospitales no podían cubrir la demanda que se llegó a producir en determinados momentos. En ocasiones, esas buenas acciones se hicieron en cumplimiento de promesas o para hacer

El silencio de sus calles y casas deshabitadas en el desolado pueblo de Ruesta son mudo testigo de la acogida que en otro tiempo se dispensó a los peregrinos. Hoy se les acoge en un albergue de esta misma localidad.

Desde el alto del Irago el peregrino tuvo que sentir la grandeza de las cumbres y encontrar en Manjarín refugio y reposo tras el ascenso.

una petición, como es el caso de María López (1348), vecina de Santiago, que donó zapatos para interceder por el alma de su marido.

El día a día en el Camino

Con anterioridad comentábamos que en la vida medieval había una perfecta simbiosis entre lo material y lo espiritual que nos lleva a la realidad de la vida en el Camino, donde si lo espiritual era el móvil de la peregrinación, durante ella se vivía el día a día con todo lo que conlleva la vida terrenal.

Al peregrino, como viajero, le atraía el contacto con situaciones y elementos que le eran desconocidos. Dentro de las preferencias personales, unos disfrutarían de la «escalada» a un puerto; Aymeric cuando se refiere a los *Puertos Ciséreos* —paso a través de los Pirineos—, comenta que a *quien lo sube le parece que puede palpar el cielo con su propia mano.* Emoción por la grandeza y el silencio de las cumbres que, de igual forma, tuvieron que experimentar al alcanzar la cima del monte Irago. Otros disfrutarían de la *tierra frondosa, con ríos, prados, de extraordinarios vergeles, buenos frutos y clarísimas fuentes,* palabras con las que Aymeric describe la tierra gallega.

En Tosantos —Burgos— la ermita rupestre de Nuestra Señora de la Peña configura, entre los campos de trigo, uno de los característicos paisajes por los que pasa el Camino.

Y todos, por razón de su viaje, pudieron contemplar la espléndida manifestación artística que jalona el Camino. Si bien es verdad que el hombre medieval veía la magnificencia de Dios en la obra artística, no lo es menos que la visualización de lo bello producía, en determinadas personalidades, un deleite que no pocos peregrinos debieron experimentar.

Cuando la peregrinación se hacía en grupo, lo «cotidiano del día a día» en el Camino tuvo que producir en el peregrino tensión, cansancio, agotamiento... El movimiento trovadoresco, que tuvo en Santiago de Compostela una gran eclosión, intentaba sacar al peregrino de su monotonía a lo largo de la ruta jacobea. En efecto, trovadores y juglares —intérpretes más sencillos— le deleitaban con sus poemas musicales. Este movimiento llegó allende los Pirineos e impregnó otros lugares y culturas por los que pasó. No es extraño que sea citado por otros trovadores que nunca hicieron el Camino como Bertrán de Born. También contribuyó a la distracción de los peregrinos el poder contemplar y saborear, con ocasión de las fiestas, el folklore de las diversas tierras que atravesaban. Muchos fueron, sin duda, los que intentaron bailar la danza que dio lugar a la alegre jota que aún perdura en el Camino.

Las canciones, como una de las manifestaciones de los sentimientos del hombre, formaron parte del bagaje de los peregrinos. *El Codex Calixtinus* recoge la más famosa de ellas, *Dum paterfamilias*, conocida con el nombre de *Ultreya*, cántico con el que se sintieron unidos y en el que debieron encontrar fuerzas y esparcimiento en las largas y duras jornadas.

De finales del siglo XV nos ha llegado un manuscrito con el himno de los peregrinos alemanes, que contiene una descripción del Camino con estrofas dedicadas a los paisajes por los que atravesaban. *Les Chansons des Pèlerins de Saint Jacques* es un cancionero impreso en Troyes en 1718, que introduce un breve manual para la peregrinación.

El *Calixtinus* nos narra: *...unos tocan cítaras, otros liras, otros tímpanos, otros flautas, caramillos, trompetas, arpas, violas, ruedas británicas o galas, otros cantando con cítaras, otros cantando acompañados de diversos instrumentos, pasan la noche en vela...* Si bien se refiere a los cánticos que se entonaban en Santiago, es lógico pensar que quienes portaban estos instrumentos los utilizaron no sólo para entonar cantos religiosos sino que, indudablemente, también tuvieron que servir para alegrar con cantos profanos las estrelladas noches de verano y las largas y oscuras noches de invierno.

También sabemos que hubo extranjeros que no gozaron de muy buena fama en el Camino, que tenían la costumbre de cantar y pedir limosna. Fue una manera de mostrarnos el folklore de otras tierras, que, sin duda, tuvo que enriquecer al que podríamos aludir como «el cancionero de las rutas del Camino». Aunque todos los testimonios que han llegado hasta nosotros no formen un gran número, nos hace suponer lo fértil que debió ser. Vicente Almazán recoge una canción popular, de origen medieval, muy extendida en Dinamarca, islas Faroé, Noruega y Suecia, que, actualmente, se canta y baila sin acompañamiento de instrumento musical en las islas Faroé. La letra está inspirada en una antigua leyenda sobre la venida de Santiago a predicar a España, sentado en una piedra desde la costa Palestina, que es el pedrón que dio nombre a Padrón, y que el sermón *Veneranda dies* califica de apócrifa:

Santiago implora la ayuda del Señor
Para que le deje viajar...

¿Cómo quieres tú ganar cristianos
Si no tienes barco en que ir?

Vete a la orilla del mar,
Allí veras una gran piedra...

Santiago planta una cruz en la piedra,
No tarda en navegar...

He aquí un mozo que dice:
Mira, una piedra y un hombre sentado en ella.

El rey García coge su hacha
Allá va, a la orilla del mar.

Oye, Santiago, a ti te hablo:
¿Qué buscas aquí en mi país?

En mi piedra vengo a decirte
Que mi Dios es mejor que el tuyo.

¿Que tu Dios es mejor que el mío?
El mío bebe siempre aguamiel y vino.

Entonces, es mejor mi Dios que el tuyo,
Porque el mío del agua hace el vino...

La andadura de peregrinos y peregrinas hizo surgir el amor que iba a dar pie al capítulo amoroso de la peregrinación y que, junto con el de la bebida, tuvo preocupada a la jerarquía eclesiástica. Ésta no compartía la permisividad que mostraron las autoridades civiles en el «amor comprado», pues, como expone Ana Arranz Guzmán, «...Enrique III, por ejemplo, estableció en un Ordenamiento de 1398 los impuestos que debían pagar las rameras, de acuerdo con su categoría —de 12 a 24 maravedís—, lo que indica una cierta tolerancia con la prostitución». A la moral eclesiástica no sólo le preocupó el tema de las rameras sino, también, las situaciones que se creasen entre los propios peregrinos y peregrinas. Pensemos en la *cansó* —cantiga de amor— donde el enamorado se dirige a su amada cantándole sus incontables virtudes y poniéndola como eje de sus mejores acciones y aspiraciones. Pero, como comenta Flores Varela, «en la sociedad feudal sólo la mujer casada tenía la posibilidad de galardonar o recompensar materialmente, por eso sólo a mujeres casadas se puede dirigir la plegaria del enamorado-vasallo. De esta manera la lírica resultante es un homenaje amoroso, cargado de ambigüedad, entre el adulterio y la convencionalidad laudatoria, que rechaza el amor enfocado al matrimonio».

La violación de la peregrina es un tema difundido con diversas versiones, que ya recoge el *Codex Calixtinus*, donde Santiago se encarga de castigar al violador, al que se le tuerce la cara y muere a los seis días. Situaciones semejantes dieron lugar a una obra de nuestros clásicos: *La romera de Santiago* de Tirso de Molina.

De igual manera, la muerte, como parte de la vida, estuvo presente en el Camino. Si el peregrino antes de morir había hecho testamento, éste se llevaba a efecto. Si, por el contrario, no lo había hecho, en principio se quedaría con sus bienes quien le hubiese dado alojamiento. Pero la picaresca, una vez más, hizo acto de presencia impidiendo que testase el moribundo, por lo que hubo que legislar en torno a ella. Sus compañeros de viaje debían darle sepultura y costear los funerales, haciéndose cargo, bajo juramento, de sus bienes para entregarlos a sus familiares cuando regresasen, a excepción de su mejor traje que era para su albergador. Si el peregrino estaba solo, el párroco y quien le hubiese dado alojamiento se deberían encargar de la ceremonia de la muerte; y, descontados los gastos, se repartían sus bienes con el rey a partes iguales.

En el siglo XIII aparece una normativa más extensa, que tendrá variantes sobre lo antes expuesto. Alfonso X el Sabio dispuso que si el peregrino moría sin testar se informase al juez local y, previo conocimiento del rey, se dispondría de sus bienes conforme a la voluntad real. Así se prescindía de los servicios de los compañeros que, en ocasiones, debieron incurrir en la tentación de no entregar sus bienes a los familiares.

4. El Camino de Santiago

*Y enseguida vio en el cielo un **camino de estrellas** que empezaba en el mar de Frisia y extendiéndose entre Alemania e Italia, entre Galia y Aquitania, pasaba directamente por Gascuña, Vasconia, Navarra y España hasta Galicia, en donde entonces se ocultaba, desconocido, el cuerpo de Santiago... Por lo cual te hago saber (habla el Apóstol Santiago) que así como el Señor te hizo el más poderoso de los reyes de la tierra (Carlomagno), igualmente te ha elegido entre todos para preparar **mi camino**... **El Camino de estrellas** que viste en el cielo significa que desde estas tierras hasta Galicia has de ir con un gran ejército a combatir las pérfidas gentes paganas (musulmanes), y a liberar **mi camino** y mi tierra, y a visitar mi basílica y mi sarcófago...*

(Liber Sancti Jacobi, Pseudo-Turpin)

Las rutas hacia el Camino de Santiago

Aunque sea de una manera somera, queremos hacer alusión a las rutas terrestres y marítimas por las que los peregrinos atravesaban Europa hacia Santiago de Compostela; así se pone de manifiesto la dimensión que el hecho religioso santiaguista tuvo en el mundo medieval.

A finales del siglo X, el rey Harald protagonizó la conversión de Dinamarca al cristianismo que coincide con el momento en que comienza a extenderse el culto jacobeo. Este hecho contribuirá a la propagación de la peregrinación santiaguista en los países escandinavos.

De mediados del siglo XII data el primer itinerario, realizado por un monje benedictino de Islandia que, partiendo en barco, llegó a Noruega y de allí a Alborg para atravesar Dinamarca por una vía de paso ya establecida en el siglo X. Lógicamente esto sirvió a los peregrinos para enlazar con las rutas que, por Alemania o los Países Bajos, se unían a los caminos franceses. El itinerario marítimo fue utilizado para arribar al puerto de La Coruña.

De la ruta alemana existe la narración (1495) de un monje de la orden servita, Hermann Künig, que debió peregrinar a la tumba del Apóstol. Inicia la descripción de su viaje partiendo de Einsiedeln y enumera, seguidamente, ciudades de la actual Suiza cuya trayectoria era Lucerna, Berna, Friburgo, Lausana y Ginebra. Por Francia, a través del valle del Isère y del Ródano, alcanzaban Nimes para unirse al itinerario de Saint Gilles du Gard.

A pesar de la gran difusión que tuvo el culto a Santiago en los Países Bajos y la constatación de sus peregrinos, no aparece hasta el siglo XVI ninguna narración escrita de rutas de peregrinación, siendo ésta una travesía por mar organizada con motivo del año jubilar de 1512. Jan van Herwaarden ha confeccionado un mapa de las posibles rutas terrestres que luego enlazaban con las francesas.

La red de rutas italianas confluían hacia el Po para alcanzar el valle del Susa y pasar los Alpes por los puertos de Monginebro y de Moncenisio y, finalmente, por Avignon y Arlés se tomaba la vía de Toulouse.

Los peregrinos ingleses utilizaban generalmente tres rutas: la primera atravesaba el Paso de Calais embarcando en Dover y, desde Calais, hacía el recorrido terrestre por las vías francesas; la segunda partía del puerto de Southampton hasta Bayona para tomar el Camino de Santiago; la tercera iba desde los puertos ingleses hasta La Coruña. El gran número de peregrinos se encuentra en conexión con su tráfico marítimo-comercial y con las relaciones políticas con Castilla. Si bien el viaje más corto era el realizado por mar, los piratas se encargaban de que la ruta no estuviera exenta de peligros. La comodidad en el barco dependía de la categoría del pasaje, pero por las licencias oficiales que se necesitaban para salir del país, también sabemos que las clases altas no viajaban en el transporte masivo, dadas sus condiciones precarias.

Los peregrinos franceses desde los distintos puntos del territorio llegaban a los santuarios que encabezaban los cuatro itinerarios que Aymeric Picaud describe en su *Liber Peregrinationis*. Tres de ellos, el de Tours que pasaba por Poitiers hacia Bordeux, el de Vézelay por Limoges y Perigueux, y el de Le Puy por Conques y por Moissac confluían hacia Ostabat para entrar por Roncesvalles. Y, un cuarto, el de Saint Gilles du Gard, por Toulouse para entrar por Somport. Finalmente se unían en Puente la Reina continuando a Santiago en una única ruta.

El Camino

De todos los caminos que conducían a los tres grandes centros de peregrinación medieval: los Santos Lugares, Roma y Santiago de Compostela, el que con más propiedad recibe el nombre de **Camino** es el conocido como Camino de Santiago o Camino Francés, por ser el que marcó de una manera contundente la ruta por la que transcurría.

La denominación de Camino Francés puede justificarse, en parte, por la confluencia de las rutas que se dirigían a la tumba del Apóstol en este territorio, sin olvidar que por ellas penetraron los francos con la apertura de los reinos cristianos hacia Europa. Y, en ese sentido, no podemos olvidar ni el influjo de los monjes clunyacenses ni a su abad Guido de Borgoña —Calixto II—, el gran entusiasta de la peregrinación compostelana, ni a los peregrinos franceses que acudieron en mayor número que los de otras nacionalidades.

Dentro de la Península fueron diversas las rutas que, desde diferentes puntos, enlazaban con el Camino de Santiago. La vía portuguesa más frecuentada partía desde Lisboa y, pasando por Alcobaça, se dirigía hacia Coimbra, Oporto y Braga, para desde Tuy, alcanzar Santiago. La «pagana» calzada romana de la Vía de la Plata condujo a los peregrinos hacia su Apóstol. En el norte surgieron vías alternativas como la de Irún por Armentia y Vitoria para, desde Tardajos, seguir el Camino, o la que, pasando por Oviedo, se dirigía hacia Lugo para salir al Camino por Palas de Rey o por Ribadeo hacia Mondoñedo y así enlazarlo en Arzúa. Otra alternativa era la llevada a cabo por las rutas marítimas a través del océano Atlántico y del mar Mediterráneo.

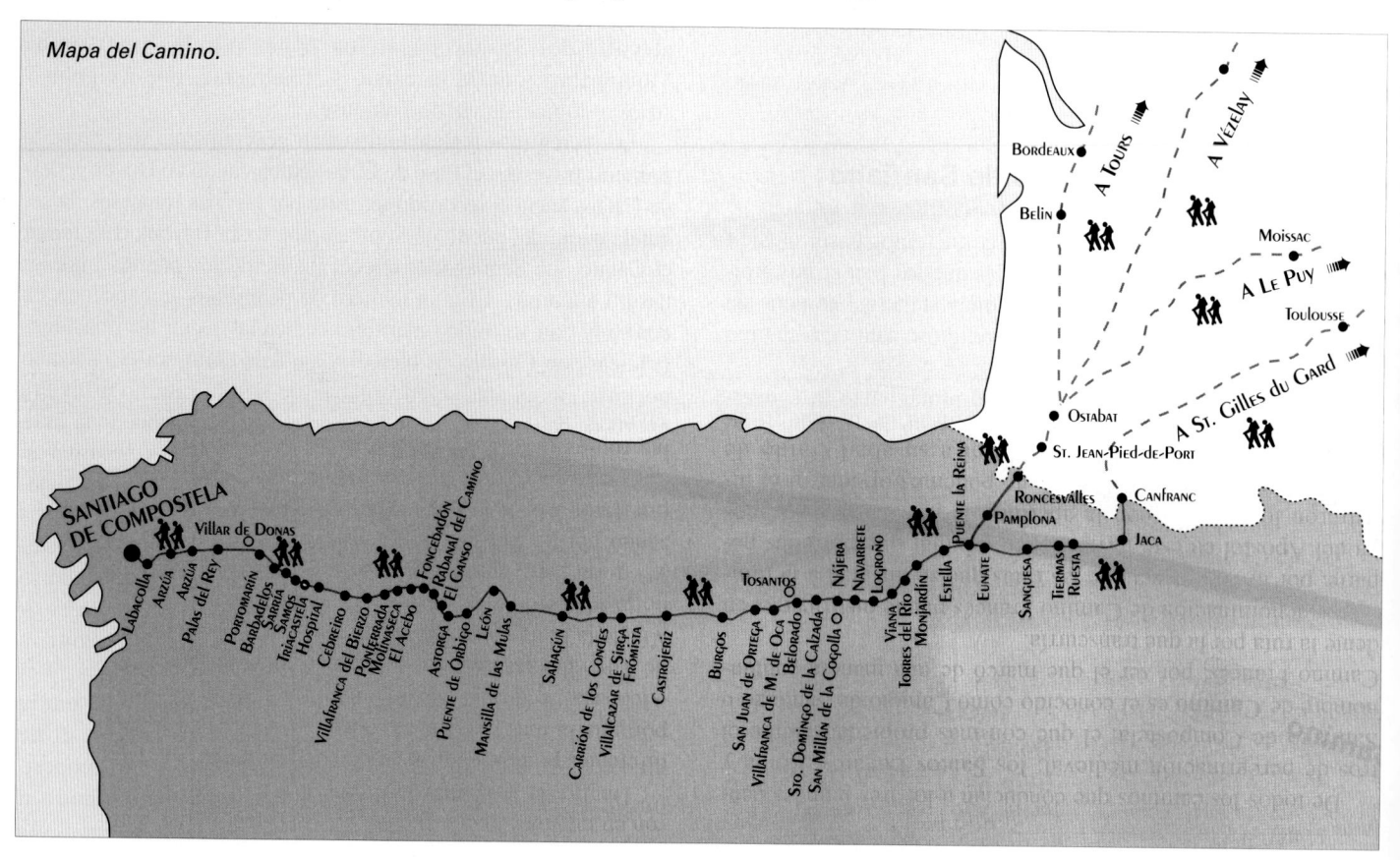

Mapa del Camino.

El Camino, en su primera andadura, recogida por Aymeric Picaud en su *Liber Peregrinationis*, tiene un doble itinerario que se une en Puente la Reina, continuando luego como un solo camino. En el siglo XII, el mismo trazado aparece en otros documentos y en la Geografía de El Idrisí. Aymeric, como conocedor de él, fija unas jornadas con un sentido orientativo de comunicar los lugares por los que pasa; no intenta establecer unas etapas de recorrido, puesto que entre ellas no existe un número de kilómetros que haga equiparable las distancias. Establece tres desde Somport a Puente la Reyna pasando por Jaca, y trece desde Saint-Michel, situado en la falda del Port de Cize en la vertiente de Gascuña, a través de Pamplona, Logroño, Burgos y León hasta Santiago de Compostela.

Entre las razones que van a determinar el **trazado del Camino** hay que destacar el impulso regio y eclesiástico para favorecer a peregrinos y mercaderes que intervendrán en el florecimiento de lugares, villas y ciudades y que, en definitiva, será una política que aúne intereses religiosos y económicos. Su trazado discurre por la propia calzada romana Aquitana —que iba de Astorga a Burdeos— o paralelo a la misma. El punto más conflictivo de su paso, al atravesar los Pirineos, era el Alto de Ibañeta, al igual que los peregrinos medievales. Si bien hay algunas variaciones, como la auspiciada por Santo Domingo de la Calzada y el desvío hacia La Rioja, propiciado por Sancho el Mayor para favorecer el caminar de los peregrinos, como han indicado Escalona Monge y Reyes Téllez: «lo más significativo quizá no sea el hecho de que el camino vaya trazado con exactitud sobre la vía de época romana, sino que los principales nudos y líneas generales coinciden con toda claridad».

El Camino, favorecido por Alfonso VI en Castilla y León y por Sancho Ramírez en Navarra y Aragón, pronto iba a marcar de forma definitiva su ruta. Habrá un proceso de urbanización marcado por la reorganización del poblamiento y por el nacimiento de algunos núcleos como Sahagún o Ponferrada. Y, si bien los peregrinos fluyeron desde la aparición de la tumba del Apóstol, en la frontera del siglo XI-XII discurrirá por él un mundo europeo complejo, dinámico y bullicioso.

Ciudades, villas y lugares del Camino

Desde el siglo XI hasta principios del siglo XIII, coincidiendo con la apertura hacia Europa, se produjo una reorganización del poblamiento que, junto con el nacimiento de algunos núcleos nuevos, va a configurar el urbanismo del Camino.

En su recorrido encontraremos ciudades de origen romano que, por ser centros de poder del momento, se van a desarrollar en paralelo con él. Hubo ciudades como León donde la peregrinación no actuó directamente, como ocurrió en Astorga, aunque sí estuvo presente en su expansión. Otros núcleos urbanos como Burgos o Castrojeriz acometerán su desarrollo sobre una infraestructura de castillos defensivos.

Los burgos o barrios con su correspondiente parroquia, formaron las villas cuyo origen puede ser monástico, eclesiástico o real y en las que su amplitud y extensión está definida por el número de ellos. Villas que nacieron en función del Camino, como Puente la Reina, o que crecieron en contacto con él, como Jaca.

A finales del siglo X, el Camino atraviesa por una población dispersa, pero el aumento demográfico y el influjo de la peregrinación harán que se reorganice. El hecho de que los peregrinos tuvieran que vadear o cruzar ríos, atravesar zonas montañosas o desérticas y luchar contra la inclemencia del tiempo, hizo que surgieran lugares que facilitaron su tránsito, alentados por las órdenes monásticas y por las buenas gentes, que gozaron del beneplácito real. Entre los más conocidos podríamos hacer referencia a la iglesia y al hospital de Foncebadón o a la aldea de Cebrero con su iglesia, hospital y las casas agrupadas en las inmediaciones del Camino.

Seguidamente recorreremos, aunque de forma somera, estas ciudades, villas y lugares, como hace siglos pudieron haberlo hecho los peregrinos medievales. En el plano de la ruta del Camino haremos alusión a todos ellos, si bien, por razones de espacio, nos detendremos, únicamente, en aquellos más significativos por su importancia histórica, artística o por sus peculiaridades. Y lo haremos de manera que, bien mental o físicamente, el lector pueda hacer la peregrinación al gran acontecimiento religioso del mundo medieval: «encaminarse» hacia la tumba del Apóstol Santiago.

Lo primero que encontraban los peregrinos al entrar por el **puerto de Somport** era el **Hospital de Santa Cristina**, del que apenas quedan restos, pero que, indudablemente, tuvo que ser un magnífico centro de reposo, a juzgar por las palabras que le dedica Aymeric Picaud en su *Liber Peregrinationis* en el capítulo IV que titula *Los tres hospitales del mundo:*

> Tres son particularmente las columnas, de extraordinaria utilidad, que el Señor estableció en este mundo para sostenimiento de sus pobres, a saber, el hospital de Jerusalén, el hospital de Mont-Joux (que a juicio de Millán Bravo Lozano, al que seguimos

Crismón trinitario de la Portada Occidental de la Catedral de Jaca.

Bajo las aguas del pantano de Yesa yace el puente que facilitó el paso de los peregrinos entre los pueblos de Tiermas y Ruesta.

en todos los textos del *Liber,* es el hospital en el paso del Gran San Bernardo, en la ruta de la peregrinación a Roma) *y el hospital de Santa Cristina, en el Somport. Están situados estos hospitales en puntos de verdadera necesidad; se trata de lugares santos, templos de Dios, lugar de recuperación para los bienaventurados peregrinos, descanso para los necesitados, alivio para los enfermos, salvación de los muertos y auxilio para los vivos...*

En relación con este importante lugar como paso de comerciantes y peregrinos, a mediados del siglo XII se organizó la aldea de **Canfranc,** por la que se dirigían hacia **Jaca**; enclave fortificado con escasa población campesina que pasó a convertirse, en función de su situación privilegiada, en capital del reino de Aragón, alcanzando su apogeo en el siglo XI. Y aunque conquistada Huesca (1096) pierda su capitalidad, seguirá manteniéndose como gran centro económico. Este gran cambio propició la construcción de su catedral, cuyo proyecto no se llevó a término en su totalidad por el desplazamiento que sufrieron los intereses políticos y eclesiásticos. Su construcción se llevó a cabo en el último tercio del siglo XI. Es una iglesia de tres naves rematadas en ábsides semicirculares, y cubierta con madera por las causas a que ya aludimos. Será en el siglo XVI cuando se coloque su actual cubierta abovedada y se añadan grandes capillas. Es un espléndido ejemplo del románico en cuyo pórtico occidental —puerta principal— el tímpano aparece decorado con un crismón entre dos leones que manifiesta el dogma trinitario. La Ciudadela ocupa gran parte del burnao o burgo nuevo que, extramuros de la ciudad, se pobló con francos en el paso del siglo XI al XII; es un buen ejemplo de edificación defensiva, mandada construir por Felipe II debido a los graves desórdenes.

A la salida de Jaca, se encaminaban por la margen izquierda del río Aragón, atravesando la amplia depresión del Canal de Berdún, hacia Monreal. Desde Puente la Reina de Aragón se podía seguir por Berdún a Tiermas o llegar a ésta por Artieda y Ruesta. Tiermas y Ruesta estuvieron unidas por un puente que conoció el paso de múltiples peregrinos, y cuyos restos están hoy bajo las aguas del pantano de Yesa. **Ruesta** es una antigua forta-

Desde las ruinas de la fortaleza musulmana se contempla el deshabitado pueblo de Ruesta, custodiado por el campanario de su iglesia dedicada a la Asunción.

A la calle-camino de Sangüesa se abre la portada de Santa María la Real, donde aparece uno de los primeros ejemplos de estatua columna en la Península.

Desde 1965 una nueva capilla recuerda la hospedería de San Salvador, donde una campana tañía para orientar a los peregrinos. Junto a esta capilla los peregrinos siguen depositando sus cruces, manteniendo así viva la vieja costumbre descrita por Aymeric Picaud.

leza musulmana que, al pasar a manos cristianas, fue un lugar estratégico en la defensa del Canal de Berdún. En el siglo XI tuvo una iglesia dedicada a Santiago y un hospital que actualmente se ha rehecho en el deshabitado pueblo para cobijo de los peregrinos que se dirigen hacia Santiago, pudiendo contemplar el atractivo lugar hoy un tanto desolado. De **Tiermas**, Aymeric comenta que tiene *baños reales, que fluyen calientes constantemente* haciendo alusión a las termas romanas que hoy yacen en el pantano.

En el paso del siglo XII al XIII se levantó la iglesia de Santa María de Eunate, cuya planta centralizada evoca ecos funerarios.

Sangüesa es uno de los muchos poblamientos en torno al río Aragón, en cuya margen opuesta va a crecer un burgo nuevo que dará origen a la población moderna, identificándose la antigua con el actual pueblo de Rocaforte. A la calle Mayor, calle-camino, se abre la rica portada de Santa María la Real, construida en el lugar que ocupaba el oratorio del palacio real que Alfonso el Batallador entregó a los caballeros de San Juan de Jerusalén. En ella encontramos uno de los primeros ejemplos en la Península de la estatua-columna, en una de las cuales aparece la representación de la Virgen con el nombre de su autor, Leodegarius, que manifiesta su conocimiento del pórtico real de Chartres. En su interior una imagen de advocación francesa, la Virgen de Rocamador, nos habla de las influencias a lo largo del Camino. La iglesia de Santiago y la del Salvador, junto con una serie de palacios civiles, entre los que destaca el Palacio de la Encomienda o del Príncipe de Viana, de estructura y decoración gótica, han dejado patente la importancia de la ciudad. Se podía reposar en el hospital de los caballeros de San Juan de Jerusalén y en el de San Nicolás y, en el camino hacia Sos del Rey Católico, se encontraba una leprosería dedicada a la Magdalena.

Desde Monreal seguían su camino hacia **Santa María de Eunate,** uno de los tres edificios de planta central que existen en el Camino en tierras navarras. Entre sus funciones hay que destacar la funeraria que, muy probablemente, tuvo como remoto mo-

En el conjunto de Roncesvalles la Colegiata de Nuestra Señora nos ofrece uno de los primeros ejemplos del quehacer gótico en la Península.

En la cima de este monte hay un lugar llamado la Cruz de Carlomagno, porque en él, en tiempos pasados, Carlomagno se abrió camino con hachas, piquetas, azadas y otras herramientas, cuando, al frente de sus ejércitos, se dirigía a España. A continuación alzó figuradamente en alto la cruz del Señor, y doblando las rodillas en dirección a Galicia, elevó sus preces a Dios y a Santiago. Por este motivo, los peregrinos tienen por costumbre hincarse allí de rodillas y orar vueltos hacia la patria de Santiago, y cada uno deja clavada una cruz, estandarte del Señor. Hasta mil se pueden encontrar allí...

Aunque no se conserve la llamada Cruz de Carlomagno, ni aquella por la que fue sustituida en el siglo XVI, los peregrinos siguen clavando cruces que nos recuerdan el pasaje del *Liber Peregrinationis*.

El *Liber* continúa diciendo:

*...Viene luego **Roncesvalles**, el lugar donde tuvo lugar el gran combate en el que perecieron el rey Marsilio, Roldán y Oliveros con otros cuarenta mil combatientes cristianos y sarracenos.*

delo la rotonda del Santo Sepulcro de Jerusalén, algo que se pondrá claramente de manifiesto como veremos en la iglesia de Torres del Río. El templo habría que fecharlo en el paso del siglo XII al XIII, siendo reconstruido su pórtico muy posteriormente; la cúpula nervada de su interior nos habla de las formas hispanomusulmanas. Es probable que formase parte de un hospital de la Orden de San Juan de Jerusalén, por lo que en su entorno hay enterramientos de peregrinos, como se puede deducir por el gran número de conchas aparecidas que llevaban cosidas a sus trajes.

Al alcanzar Puente la Reina de Navarra, los peregrinos se unían, como dijimos anteriormente, con aquellos que habían atravesado los Pirineos por Roncesvalles. A partir de este momento, realizaremos el tramo del Camino que va desde Roncesvalles hasta Puente la Reina para, llegados nuevamente a este lugar, continuar hacia Santiago de Compostela.

Al coronar el puerto de **Ibañeta**, se encontraban con la casa y hospedería de San Salvador y, aunque el lugar de acogida pronto se trasladó a Roncesvalles, hubo quienes siguieron pernoctando en Ibañeta. Dadas las inclemencias del tiempo, el conjunto tuvo que ser reconstruido en varias ocasiones. En 1965, con motivo del Año Santo, se erigió una capilla también dedicada al Salvador en la que destaca «la campana» que tañía para orientar a los peregrinos. Aymeric comenta así en su *Liber*:

El gran hospital estuvo a cargo de los canónigos regulares de San Agustín. Un poema del siglo XIII expresa las numerosas atenciones que recibían los peregrinos: en él tenían acogida los paganos, judíos, herejes y vagabundos; se lavaba los pies a los hombres y se les hacía la barba y cortaba los cabellos; se preparaban baños a quien los pidiese; tenían lechos blandos y limpios y se atendía con todo cuidado a los enfermos, ofreciéndoles los mejores productos del campo y hasta frutas «extrañas», quedando siempre alguien a la puerta para ofrecer pan a los que por allí pasaban.

Junto al hospital estaba la Colegiata de Nuestra Señora y, aisladas del conjunto hospitalario, la iglesia de Santiago y la capilla del Santo Espíritu. La colegiata, uno de los primeros edificios góticos de la Península, fue iniciada en 1209 y es una iglesia de tres naves con un solo ábside poligonal. La sala capitular o capilla de San Agustín da cobijo a los restos del impulsor de la colegiata, Sancho VII el Fuerte, cuyo sepulcro aprovecha la figura yacente del anterior gótico. La capilla del Espíritu Santo es otro de los edificios de planta central cuyo lugar se identifica con la leyenda del sitio donde Roldán, al querer destruir su espada de Durandal, quebró la roca, por lo que Carlomagno construyó un edificio para albergar su tumba. En realidad es una construcción dedicada al enterramiento de los peregrinos que morían en la zona. Tanto este edificio como la iglesia de

Iglesia de Santiago y, en primer término, La Capilla del Espíritu Santo, antiguo cementerio de peregrinos, que nos evoca la legendaria tumba de Roldán.

Estella. La portada de la iglesia románica de San Miguel se abre a un entorno, recientemente restaurado, que acogió al hospital y al convento de San Agustín.

Santiago, mantienen su estructura medieval. Al salir de Roncesvalles, la cruz de los peregrinos del siglo XIV les despide y alienta en su, todavía, largo recorrido hacia Santiago.

Antes de entrar en **Pamplona,** junto al puente de la Magdalena, los peregrinos eran acogidos en el hospital de igual nombre, en principio dedicado a leprosería. Podían hacer noche en el hospital de San Miguel y, junto con éste, había otros hospitales que desaparecieron en el siglo XVI al ser integrados en el Hospital General de Navarra, hoy convertido en museo. Los tres burgos que configuraron la ciudad: el de la Navarrería y los de San Cernín —San Saturnino de Toulouse— y San Nicolás, habitados por francos, tuvieron sus diferencias y enfrentamientos hasta que Carlos III el Noble decretó su reunificación por el Privilegio de la Unión. Esta situación ha quedado manifiesta en las construcciones fortificadas de las iglesias de San Cernín y San Nicolás. El hundimiento de la catedral románica, a finales del siglo XIV, propició la construcción de la catedral gótica, si bien su claustro, también gótico, es anterior, ya que, a principios del mismo siglo, el románico existente estaba en muy malas condiciones. En ella se puede contemplar el magnífico sepulcro del rey Noble y de su mujer Leonor de Trastamara, obra que le ejecutó en vida Jehan Lomme (1413-1419).

La población de **Puente la Reina** creció en torno al puente construido para facilitar a los peregrinos la travesía del río Arga. Alfonso el Batallador concedió amplios terrenos a sus pobladores, otorgándoles en 1122 el fuero de Estella. Su forma regular revela un trazado unitario. Siguiendo el Camino se pasaba bajo el pórtico abovedado que unía la iglesia de Santa María de las Huertas con el hospital; siguiendo en línea recta se entraba entre

A su paso por Pamplona el peregrino francés recordaba su tierra al acercarse a la iglesia de San Cernín —San Saturnino—, advocación del santo de Toulouse.

El Puente de la Reina, integrado en la muralla, dio el nombre a la villa y conduce a los peregrinos a través del río Arga. Se ha convertido en uno de los hitos del Camino a su paso por Navarra.

A la salida de Estella, el monasterio benedictino de Irache nos muestra, en sus diferentes etapas constructivas, sus momentos de esplendor.

los torreones prismáticos del antiguo recinto amurallado a la calle Mayor, que desembocaba en el puente integrado en la muralla mediante una puerta. A mediados del siglo XV, los caballeros de San Juan de Jerusalén se hicieron cargo de la iglesia y construyeron un nuevo hospital hoy desaparecido. Este lugar está ocupado, en la actualidad, por un colegio-seminario de Padres Reparadores. El nombre de la iglesia acabó siendo suplantado por el de iglesia del Crucifijo debido a la magnífica talla que se puede admirar en su interior y que se ha fechado en torno a 1328. En la calle Mayor se encuentra la iglesia de Santiago, documentada a mediados del siglo XII, de la que sólo se conservan dos puertas.

Por la desaparecida Encomienda de Bargota de los caballeros de la Orden del Temple y, posteriormente, de los de la Orden de San Juan de Jerusalén, los peregrinos se encaminaban hacia Lorca para alcanzar **Estella.** Esta villa nace por voluntad del rey Sancho Ramírez en 1090 al establecer un poblamiento de francos. Los fueros concedidos y el gran número de peregrinos que llegaban hicieron de Estella un gran centro comercial, que se movía en torno a la plaza de San Martín.

A la entrada estaba el hospital de San Lázaro, cuya advocación ya nos indica su dedicación a los leprosos. En la villa hubo un hospital en cada parroquia que, junto con otros y una serie de mesones alojaron a los numerosos viajeros que a ella llegaban. De éstos y de la capacidad de sus mesones habla un testimonio recogido por Lacarra: «en 1331 el gobernador de Navarra, yendo camino de Castilla, se alojó en *lou hôstel dou Rey Chandoile* y le acompañaban 120 peones y seis caballos, más 48 caballerías de impedimenta». Por orden de Carlos V, en 1524, los hospitales de la ciudad se fusionaron en el Hospital General.

Por San Miguel, primera parroquia constituida en Estella, pasaban los peregrinos para cruzar el río Ega por el puente de la

Estella. El conocido por Palacio Real o de los Duques de Granada de Ega es uno de los pocos ejemplos de la arquitectura civil románica en España.

El pueblo de Villamayor de Monjardín creció a los pies del castillo, cuyas ruinas recuerdan el relato del Pseudo-Turpín: aquí Carlomagno venció al príncipe Furro.

La portada del Hospital de Navarrete de finales del siglo XII, trasladada a las afueras de la villa, fue transformada en la entrada de su actual cementerio.

Cárcel, volado en 1873, para llegar a la plaza de San Martín. La iglesia románica de San Miguel abre su espléndida portada a un amplio entorno, recientemente restaurado con gran acierto que, en su momento, acogió al hospital y al convento de San Agustín. En la plaza de San Martín está una de las joyas de la arquitectura civil románica: el Palacio Real. En la casa de San Martín se reunía el Concejo, que junto con las alberguerías y comercios del entorno formaban el núcleo principal de la villa.

Tanto los edificios citados como las iglesias del Santo Sepulcro y de San Pedro de la Rúa, la principal del barrio de los francos, nos recuerdan la importancia de Estella. Y en esta ciudad, que nació en función de los francos, no podían faltar los santuarios con advocaciones extranjeras, como las francesas de Nuestra Señora de Rocamador y Nuestra Señora del Puy.

A la salida de Estella el peregrino se encuentra con el monasterio benedictino de Irache, del que ya existen noticias documentales a partir del siglo X. Las diferentes etapas constructivas expresan los momentos de su esplendor económico: la iglesia pertenece al siglo XII, pero con abovedamiento ya gótico, mientras que los claustros corresponden a los siglos XVI y XVII respectivamente. En su época de apogeo, en el mundo moderno, fue sede de una universidad.

Seguidamente, se dirigían hacia Torres del Río por **Monjardín,** en cuyo castillo, según el *Pseudo-Turpín,* Carlomagno venció al príncipe navarro Furro. El castillo fue conquistado a principios del siglo X por Sancho Garcés I, al pie de cuya montaña creció el pueblo de Villamayor de Monjardín.

En **Torres del Río** la iglesia del Santo Sepulcro es el tercer edificio de planta centralizada al que hacíamos referencia al hablar de Santa María de Eunate. Su función es la misma y su estructura y es-

La iglesia de planta centralizada del Santo Sepulcro en Torres del Río es de probable adscripción a la Orden del Santo Sepulcro, tanto por su advocación como por su decoración interior.

Un alto obligado en el Camino, a su paso por Logroño, era la iglesia de planta central con la advocación de Santa María la Redonda.

tilo, al comparar ambos edificios, coinciden en los puntos principales, sin que podamos entrar en especulaciones debido a la carencia de fuentes documentales. Sin embargo, esto ha llevado a realizar suposiciones o a otorgar paternidades del edificio —Orden del Temple—, que están fuera de contexto. Su adscripción a la Orden del Santo Sepulcro entra dentro de una visión lógica, dada su advocación y, sobre todo, si se tiene en cuenta su decoración interior que, como decíamos en Santa María, manifiesta su función funeraria.

Por **Logroño**, dice Aymeric, *pasa un río enorme llamado Ebro, de agua sana y rico en peces.* El Camino atravesaba el Ebro por un puente del que nada queda y, hacia la mitad de la calle-camino, podían reponer sus fuerzas materiales, bebiendo agua en la Fuente de los Peregrinos y las espirituales, rezando en la iglesia de Santiago. Entre sus edificaciones estaba la de Santa María del Palacio, que Alfonso VII donó a la Orden del Santo Sepulcro. Los hospitales dependían de las distintas iglesias; hubo uno, en las afueras de la ciudad, dedicado a leprosería.

La Orden de San Juan de Jerusalén tuvo una encomienda en **Navarrete,** en cuyo hospital eran acogidos los peregrinos. En la actualidad lo que queda del hospital, fundado a finales del siglo XII, es su portada y un par de ventanas que han sido trasladadas para formar la entrada del cementerio. En uno de sus capiteles se representa una comida, en clara alusión a uno de los menesteres que practicó la Orden y que tuvo ocasión de ejercer en el Camino.

En el siglo XI, cuando **Nájera** era residencia de la corte del reino de Navarra, los reyes don García y doña Estefanía fundaron en 1052 el monasterio de Santa María la Real; lo encomendaron a

A finales del siglo XV se inició la construcción, de aspecto fortificado, de Santa María la Real de Nájera que vino a sustituir al antiguo monasterio fundado en 1052 por los Reyes de Navarra.

Antiguo monasterio de San Millán de la Cogolla conocido como monasterio de arriba o de Suso. Desde Nájera, a 15 km. del Camino, se llega a las cuevas donde vivió San Millán, integradas en una construcción del siglo X.

Martín de Beratúa, en el siglo XVIII, confirió un aire peculiar a la plaza de Santo Domingo de la Calzada, al incluir en su conjunto la fachada y la torre de la catedral.

Ábside del antiguo monasterio prerrománico de San Félix de Oca.

clérigos que se regían por la regla de San Isidoro; posteriormente fue incorporada por Alfonso VI al monasterio de Cluny con una comunidad francesa, lo que creó no pocos problemas. Nada queda del primitivo edificio, siendo de finales del siglo XV el que ahora podemos contemplar, con un claustro también gótico hecho en el siglo XVI. Para la asistencia de los peregrinos contó con varios hospitales, como el de la Abadía, el de la Piedad o el de la Cadena.

Este último dependía del monasterio de **San Millán de la Cogolla,** retirado unos 15 kilómetros del Camino. Muchos fueron los que se acercaron hacia él para venerar las reliquias del santo, como ya hicimos referencia en el apartado dedicado a la manifestación de la religiosidad en el Camino. En el monasterio antiguo, llamado de arriba o de Suso, podían contemplar las cuevas de lo que fue su morada, integradas en un magnífico edificio del siglo X, donde se pone de manifiesto la influencia califal. En el monasterio de abajo o de Yuso admiraban su relicario, espléndida obra de eboraria del siglo XI, en cuyos relieves se inspiró Gonzalo de Berceo para componer, en román paladino, la historia de San Millán.

Puestos nuevamente en camino, llegamos a **Santo Domingo de la Calzada,** ciudad que lleva el nombre de su fundador, al que ya hicimos alusión en la manifestación de la religiosidad en el Camino. Fue el santo un sacerdote que, después de su fallido intento de ingresar en los monasterios de Valvanera y San Millán de la Cogolla, se dedicó a la vida contemplativa en un lugar pantanoso y de espesa vegetación, donde acabó erigiendo una ermita y un hospital para acoger a los peregrinos, que constituirían el origen de la ciudad. Desbrozó la zona, obra que fue considerada «milagrosa» por el enorme esfuerzo que supuso; por eso, junto a su tumba, se colocó la hoz con la que había trabajado. Realizó el trazado de una calzada y de un puente pétreos, que hicieron más fácil y directo el Camino entre Nájera y Belorado. Por ello, es el patrón de los Ingenieros de Caminos.

En Villafranca-Montes de Oca el Camino discurre entre el Hospital de San Antonio Abad y la iglesia de Santiago.

En la misma zona en la que el santo construyó los primitivos edificios se levantó la catedral y, junto a ella, el hospital de Santo Domingo, hoy convertido en parador de turismo. La catedral fue una obra que se prolongó en el tiempo, por lo que se pueden observar varios estilos constructivos: la cabecera pertenece al mundo románico, mientras que sus bóvedas son góticas y la fachada barroca. De la misma época y autor que la fachada —Martín de Beratúa— es su torre que, separada de ella, confiere un aire peculiar a la plaza en la que se integran los citados edificios. La torre a que hacemos referencia es la tercera que ha tenido la catedral, ocupando las dos anteriores el lugar donde ahora está la capillita del gallo y la gallina. En la cripta se encuentra el sepulcro relicario con los restos de Santo Domingo, narrándose su vida en el sepulcro gótico del mausoleo que sobre ella se levanta.

Pasado **Belorado**, los peregrinos se encaminaban hacia la ermita rupestre de **Tosantos** para postrarse ante Nuestra Señora de la Peña y continuaban su camino hacia **Villafranca-Montes de Oca**, deteniéndose antes en el monasterio prerrománico de San Félix de Oca, del que, como mudo testimonio de su existencia, ha llegado hasta nosotros su ábside, cuya cubierta manifiesta el hacer hispano. Finalmente, podían acogerse en el hospital de San Antonio Abad, célebre por lo bien que allí se comía, hasta el punto de ponerlo en paralelo con el hospital del Rey de Burgos. Casi frente a él está la iglesia de Santiago, entre cuyos edificios discurre el Camino.

En el interior de la iglesia románica de San Juan de Ortega (s. XII) que forma parte del conjunto hospitalario, se alza el mausoleo gótico (s. XV) de su fundador, en cuyos relieves se narran escenas de los milagros de la vida del santo.

San Juan de Ortega lleva el nombre de su fundador. Sacerdote, colaborador y discípulo de santo Domingo de la Calzada que, como él, dedicó su vida a ayudar a los peregrinos y menesterosos. Peregrinó a los Santos Lugares y, a su regreso, salvó la vida en un naufragio por intercesión de san Nicolás de Bari, de quien era un ferviente devoto. Fundó e hizo, junto con una comunidad de canónigos regulares de san Agustín, un centro con hospital, iglesia y residencia que desde el siglo XV al XIX estuvo en manos de los jerónimos. La actual hospedería de peregrinos fue la antigua residencia de la comunidad. La iglesia es un edificio románico de tres ábsides y un crucero que no se llegó a concluir, cerrándose el testero occidental en la segunda mitad del siglo XV. Ésta, según algunas opiniones, fue iniciada después de su muerte acontecida en 1163 y, según otros, se atribuye su construcción al propio santo al que también se adjudican un par de calzadas y varios puentes.

Por expreso deseo del fundador fue enterrado en el primitivo oratorio que dedicó a san Nicolás, actual capilla de la misma advocación, remodelada por encargo de Isabel la Católica. El mausoleo, con escenas de los milagros del santo, es una obra de mediados del siglo XV. Se proyectó para ocupar en la iglesia el lugar en que ahora se encuentra, si bien cuando los restos del santo iban a ser llevados a ella desde la capilla, ésta se llenó de abejas blancas, hecho que fue tomado como presagio de que el santo no quería que se le moviese, por lo que el mausoleo se montó en ella. Éste fue trasladado en 1966, junto con los restos del santo depositados en la cripta que se hizo para tal fin.

A su paso por una ciudad de la importancia de **Burgos** no faltaron múltiples edificios para la acogida de los peregrinos. A finales del siglo XV había treinta y dos hospitales de los que en el siglo XVII aún quedaban veinticinco. Entre ellos sobresalieron el de San Juan, el del Emperador y el del Rey. Este último, fundado por Alfonso VIII en 1195, es el mejor conocido por las fuentes documentales y sus espléndidos restos se encuentran, actualmente, incluidos en edificaciones universitarias; a él hicimos referencia en el apartado referente al reposo de los peregrinos.

Una vez llegados a la ciudad, entraban por la Puerta de San Juan y se dirigían hacia la catedral románica que el obispo Mauricio cambió por otra de fábrica gótica, siguiendo el estilo imperante nacido en la Isla de Francia. Comenzadas las obras en 1221, al principio avanzaron rápidamente aunque su construcción se prolongó durante tres siglos, lo que hace que en ella se dé desde el más puro estilo gótico hasta la filigrana de finales

Iniciada la catedral de Burgos en 1221, su construcción se prolongó durante tres siglos, mostrándonos desde el más puro estilo gótico hasta la filigrana de finales del siglo XV.

ciudad horas y días enteros disfrutando en el monasterio de las Huelgas donde están la tumba de su fundador Alfonso VIII y una imagen sedente de Santiago del siglo XIII, con el brazo derecho articulado para armar caballeros; o en la Cartuja de Miraflores, donde uno puede extasiarse con la contemplación de la obra de Gil de Siloé; o en la propia catedral, tanto en sí misma, como por la espléndida producción funeraria de sus distintas capillas.

Se salía de la ciudad por la Puerta de San Martín o por la Puerta de Santa María. Esta última, con el paso del tiempo, adquirió mayor tránsito, hecho en el que no debió de estar ausente la visita al monasterio de San Agustín en el que se veneraba el Cristo al que ya hicimos referencia en la manifestación religiosa del Camino. Lacarra recoge el boato barroco con que estaba expuesto en una capilla del claustro y cómo lo vieron los peregrinos, basándose en la descripción de uno de ellos en el siglo XVIII. Aunque sea de fecha tardía queremos relatarlo, pues pone de manifiesto la veneración y fama de la que fue objeto la imagen a través de los siglos y que, actualmente, se encuentra en la capilla del Cristo de la catedral.

del siglo XV, llegada a través de la familia de los Colonia y cuya impronta se puede ver en las agujas de las torres, en el cimborrio que, aunque tuvo que ser reconstruido a mediados del siglo XVI, sigue el modelo original, y en la capilla del Condestable.

Multitud de peregrinos y todos aquellos que sintieron el deleite de la belleza artística podían —y aún pueden hoy— pasar en la

«La decoraban —la capilla— cuarenta y ocho grandes lámparas de plata y gran número de candelabros de gran tamaño. Para mostrar el Crucifijo había que descorrer sucesivamente tres cortinas: la primera, negra, donde estaba estampada la imagen de un Crucifijo; la segunda, de seda color rojo jaspeado, y la tercera, de una gasa muy clara que permitía ver a trasluz el Crucifijo. Los reli-

En el monasterio de las Huelgas de Burgos se encuentra la imagen articulada de Santiago (s. XIII) que sirvió para armar caballeros.

Recortados en el horizonte, el castillo y la iglesia de Nuestra Señora del Manzano en Castrojeriz nos recuerdan el poder religioso y civil de la villa.

La iglesia del antiguo monasterio de San Martín de Frómista, restaurada a principios de siglo y eliminados todos los aditamentos, muestra la pureza de los volúmenes arquitectónicos románicos.

giosos que poseen esta preciosa joya dicen que es de carne y hueso. Se le ve sudar. Tiene los cabellos y la barba negros; la cabeza se posa sobre el hombro derecho. Su altura pasa de los cinco pies, Los brazos parecen magullados de golpes y heridas cicatrizadas y ensangrentadas. Tiene todo el cuerpo articulado. Parece que la sangre corre a vuestros ojos. Los españoles dicen que se le hace la barba cada ocho días, como al Cristo de Orense, en Galicia, y que se le cortan las uñas de los pies y de las manos como al de Orense».

En las abiertas llanuras palentinas a ambos lados del Camino, sus palomares son una prolongación del barro y paja de sus campos.

Cuando desde Hontanas se recorre el Camino hacia **Castrojeriz,** en la lejanía se divisa el castillo que dio origen a la población que se asienta en la falda de la montaña. Ya próximos a la villa, el templo de Nuestro Señora del Manzano forma con él una visión que nos trae a la memoria la unión del poder civil y religioso en la Edad Media. Antes de pasar el río Pisuerga, antiguo límite entre los reinos de Castilla y León, los peregrinos se encontraban con el Hospital de San Nicolás, fundado en el último tercio del siglo XII y del que quedan unas ruinas como testimonio de su cálido pasado.

Por Boadilla del Camino, nombre que una vez más hace referencia a la ruta que le diera vida, llegaban a **Frómista.** Alcanzado este punto, podían descansar en el Hospital de San Martín, que fue presa de las llamas en el siglo XV y que estaba situado junto al monasterio del mismo nombre del que queda la espléndida iglesia que, aunque recibió una importante restauración a principios de siglo, es un hito de la arquitectura románica española. En la villa había otros dos hospitales, el de Santiago, en cuyo lugar se levanta el actual ayuntamiento, y el de los Palmeros, convertido en un hostal.

En esta zona palentina de abiertas llanuras sus palomares, ya casi en su totalidad abandonados, son una prolongación del barro y paja de sus campos, que ponen una nota característica a ambos lados del Camino.

En el interior de la iglesia de Santa María la Blanca de Villasirga, los sepulcros góticos (1274) del infante don Felipe y su mujer doña Leonor son un ejemplo que ha inmortalizado en piedra las exequias nobiliarias de la Baja Edad Media.

Carrión de los Condes. El Cristo en Majestad rodeado de los evangelistas (segunda mitad del siglo XII) en la iglesia de Santiago ha bendecido a lo largo de los siglos al peregrino que a ella se acerca. Es una de las mejores obras del románico español.

En **Villalcázar de Sirga,** su virgen, Santa María la Blanca de Villasirga, de la que ya hicimos mención en la manifestación de la religiosidad en el Camino, acogía a los peregrinos otorgándoles tantos favores que mereció ser loada por Alfonso X el Sabio en varias de sus *cantigas*. Su iglesia de factura gótica acoge el sepulcro de don Felipe, hijo de Fernando III el Santo, y de su mujer doña Leonor. Son una obra espléndida que nos muestra un perfecto estudio iconográfico que ha sabido inmortalizar en la piedra la actitud ante la muerte de la Baja Edad Media. En las distintas caras de los sepulcros, que aún mantienen su policromía, se recogen progresivas secuencias que ofrecen un detallado estudio de las costumbres e indumentarias de la época, dando vida a un ceremonial funerario del siglo XIII. En su conjunto son una admirable muestra de imaginación que ha hecho olvidar su no tan espléndida factura. Entre los hospitales que asistían a los peregrinos estaba el de Villamartín, regentado por la Orden de Santiago que, en 1304, pasó a manos templarias hasta la disolución de la Orden.

Siguiendo la ruta del Camino, se alcanza la villa de **Carrión de los Condes,** de la que Aymeric Picaud dice *que es una villa próspera y excelente, abundante en pan, vino, carne y todo tipo de productos.* Al entrar, los peregrinos se encontraban con el templo de Santa María del Camino, de clara advocación jacobea, que todavía conserva su factura románica. Junto a la plaza Mayor están los restos del hospital y de la iglesia de Santiago de la que se conserva su magnífica portada, donde el Pantocrátor parece bendecir, no sólo a los que a su templo se acercan, sino a todos los hombres representados en los diferentes oficios de su arquivolta. La villa contaba con el citado hospital junto con el de la Herrada y el del monasterio de San Zoilo, en la otra orilla del río Carrión y que, en el siglo XVI, dio origen a la cofradía de Santa María del Camino.

Por Calzadilla de la Cueza, pudiendo descansar en el Hospital de las Tiendas de la Orden Militar de Santiago —hoy dehesa de Santa María de las Tiendas—, se encaminaban hacia **Sahagún,** que, según Aymeric Picaud, es *pródiga en todo*

Sahagún. Rescatada de las ruinas del antiguo monasterio de los Santos Facundo y Primitivo, la portada meridional (s. XVII) ha sido reutilizada como si de un arco triunfal se tratase.

tipo de bienes. La villa nace en torno al monasterio de los Santos Facundo y Primitivo, monasterio en el que había residido Alfonso VI en su juventud y en el que por su iniciativa se introdujo la orden cluniacense. Posiblemente, en torno a la fecha de esta decisión (1080), había un burgo cercano al cenobio que acabaría siendo la fértil villa a la que hace referencia Picaud, al concederle el rey el importante fuero de 1085. De su prosperidad ya hicimos alusión al hablar de la actividad comercial en el Camino.

Sahagún. La iglesia de San Tirso, hecha durante el período románico, fue comenzada en piedra y terminada en ladrillo casi en su totalidad. Es un claro ejemplo de arquitectura mudéjar.

Portadas románicas del Cordero y del Perdón de la iglesia de San Isidoro de León.

El monasterio de los Santos Facundo y Primitivo, la casa principal de la orden cluniacense en Castilla, se rehízo y remodeló en varias ocasiones, aunque de él sólo nos han llegado ruinas, siendo la más significativa su portada meridional, obra del siglo XVII. Actualmente pasa bajo él la carretera y, como si de un arco triunfal se tratase, recibe a peregrinos y viajeros como queriendo rememorar la buena acogida que en su cercano hospital se dispensaba. Junto a él la iglesia de San Tirso que, por ser de factura románica, fue comenzada en piedra aunque se concluyó en ladrillo casi en su totalidad. Del mismo material y factura es la iglesia de San Lorenzo. En las afueras de la villa, la iglesia de la Peregrina, que en otro tiempo formó parte de un convento franciscano, es otra obra que, al igual que las anteriores, forma parte del llamado estilo mudéjar, pero ya de factura gótica; en ella es digna de contemplarse, por su decoración, la capilla de los Sandovales.

De **León** comenta Aymeric que es *sede de la corte real, llena de todo tipo de bienes.* Siguiendo las palabras de su guía, los peregrinos debían visitar *el venerable cuerpo de San Isidoro, obispo, confesor y doctor, que instituyó una piadosa regla para sus clérigos, y que ilustró a los españoles con sus doctrinas y honró a toda la Santa Iglesia con sus florecientes obras.* Reliquias a las que ya hicimos referencia en la manifestación de la religiosidad en el Camino. En San Isidoro se podía acceder al panteón prerrománico de los reyes, decorado en sus bóvedas con magníficas pinturas románicas, y disfrutar con la contemplación de su iglesia románica con dos espléndidos tímpanos, cuyos motivos decorativos han dado nombre a sus puertas: la del Cordero y la del Perdón.

En 1255 se inicia la catedral gótica que vino a sustituir a la antigua románica. El edificio, que ha sufrido una buena y profunda

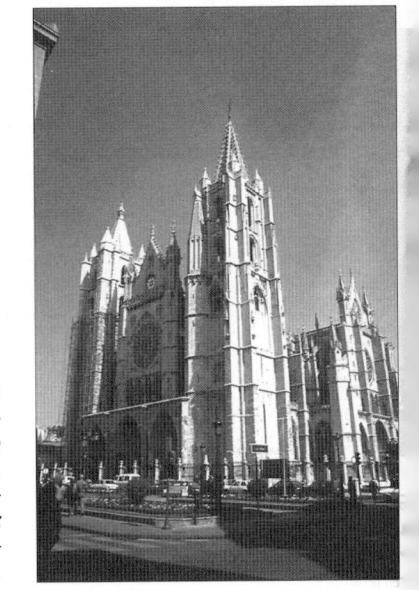

Las restauraciones tratan de paliar el mal de la piedra en este claro ejemplo del gótico clásico francés. Es el mejor ejemplo español de la teoría de la luz que genera un espacio arquitectónico-místico.

restauración en el siglo XIX, conserva prácticamente todas sus vidrieras originales que son el exponente más claro en España de la teoría de la luz, generada, a mediados del siglo XII, por el abad y regente de Francia, Suger, en su abadía de Saint Denis. En el interior de su iglesia creó un espacio arquitectónico-místico logrado por el efecto de la luz, cuya simbología nos trasmite en sus memorias. La catedral de León, con sus vidrieras que transforman la luz en innumerables colores en su intento de aproximar al hombre la Jerusalén Celeste, es en España el mejor exponente de esta nueva teoría.

La infanta doña Sancha, junto al puente sobre el río Bernesga, donó unas tierras para construir un hospital en el año 1152, que, en la década de los setenta, pasó a manos de la Orden Militar de Santiago, y junto con el convento dedicado a San Marcos, fundado por Suero de Quiñones, fueron de las primeras posesiones de la Orden en reino leonés. Reino en el que el conventual acabará siendo cabeza y centro administrativo de una amplia parte de los territorios santiaguistas, y cuya primitiva construcción iría ampliándose y mejorándose a través de los siglos. Con los aires renacentistas, en los años 1503 y 1508, se plantea la construcción de una nueva iglesia y un nuevo claustro, respectivamente, dándose la orden de ejecución en 1513. El magnífico conventual que hoy contemplamos, que vino a sustituir al antiguo que estaba en buenas condiciones, es fruto de la manifestación del poder de la Orden a través de su arquitectura. Manier, peregrino del siglo XVIII, dice respecto al conventual, que es «comme une maison royale».

Desde la amplia explanada del Puente del Órbigo los peregrinos podían contemplar las justas de don Suero de Quiñones.

San Marcos de León. La manifestación del poder de la Orden Militar de Santiago, a través de su arquitectura, se revela en la nueva construcción de su conventual con la llegada de los aires renacentistas.

Aunque el cuidado y supervisión del hospital santiaguista dependía de la Orden, como todos los establecidos en sus territorios, fue una institución autónoma. En una ciudad como León no podían faltar un gran número de hospitales para acoger a peregrinos y desvalidos. Uría Riu contabiliza diecisiete, lo que no quiere decir que no hubiese más. De ellos destacamos el de San Froilán por la ceremonia que en él se realizaba en la Edad Media: todos los sábados del año, y en cuaresma con mayor ostentación, canónigos de San Isidoro, del cual dependía, se dirigían al hospital para lavar los pies a los que en él se acogían, en memoria y como símbolo de lo que Cristo hizo en la última cena: servir al más débil y menos importante.

Aquellos que en su peregrinación coincidiesen con el momento de las justas protagonizadas por Suero de Quiñones en el **Puente de Órbigo**, hecho que reflejamos en los caballeros peregrinos, tuvieron que disfrutar con el espectáculo que el Camino les ofrecía como distracción de sus duras jornadas, y podían reponer sus fuerzas en el hospital de los caballeros de la Orden de San Juan. Desde aquí se dirigían hacia **Astorga,** donde podían ser acogidos al menos en veintidós hospitales, de igual forma que se hacía con los más necesitados. Entre ellos, quizás el más importante fue el de San Juan, que todavía podemos contemplar haciendo án-

La factura gótica de la catedral de Astorga fue llevada a cabo por Juan Gil de Hontañón y su hijo Rodrigo. La fachada occidental es del siglo XVII.

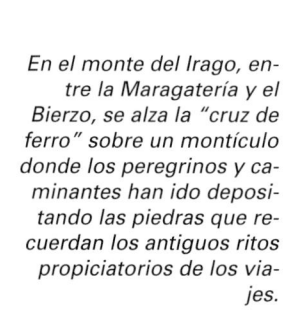

gulo con la catedral. Ésta se nos muestra como una suntuosa edificación de factura gótica que vino a sustituir a los dos edificios anteriores; su primera piedra se puso en 1471 y es obra de Juan Gil de Hontañón y de su hijo Rodrigo, siendo la fachada occidental obra del siglo XVII. La ciudad invita a los peregrinos del mundo

En el monte del Irago, entre la Maragatería y el Bierzo, se alza la "cruz de ferro" sobre un montículo donde los peregrinos y caminantes han ido depositando las piedras que recuerdan los antiguos ritos propiciatorios de los viajes.

contemporáneo, en su cansado caminar, a soñar con reinos de hadas al contemplar la obra del Modernismo de Gaudí en el palacio episcopal, hoy Museo de las Peregrinaciones.

El Trazado del Camino atraviesa **El Ganso,** que sigue sorprendiendo al peregrino con los restos de sus rústicas y atractivas cons-

El Modernismo de Gaudí en el Palacio Episcopal de Astorga es un ejemplo de las múltiples manifestaciones artísticas que jalonaron el Camino.

En el descenso de Foncebadón se encuentra el pintoresco pueblo de El Acebo cuyas galerías de madera refugian al peregrino del frío acumulado en el puerto.

trucciones teitadas, donde sus techos de paja están tan bien trabajados que impiden el paso del agua. Desde Rabanal del Camino se comienza el ascenso para alcanzar la cima del **Monte Irago,** en el que se une la dureza del trayecto con la del clima para mortificar al caminante que, finalmente, pudo descansar en el hospital que sabemos había en ese lugar, junto con una iglesia, aunque no podamos precisar su situación. La pequeña arquitectura cercana a la «cruz de ferro», parece un recuerdo remoto de las antiguas construcciones. Este pequeño y elevado crucero que se alza entre la Maragatería y el Bierzo, se hiergue sobre un montículo de piedras depositadas por los que por allí pasaron, gesto que nos trae a la memoria los antiguos ritos favorecedores de los viajes.

El Camino desciende, rápidamente, hacia **El Acebo** donde, con diligencia y mucho agrado, se sigue acogiendo al peregrino aunque ya no sea en el hospital que tuvo sino en la escuela que, en periodo de vacaciones, se ofrece como improvisado albergue de peregrinos. Desde aquí y ya fuera del Camino, se puede llegar a Compludo zona que nos recuerda a los padres del monacato hispano, san Fructuoso, san Valerio, san Genaro... Resulta curioso visitar su herrería accionada por energía hidráulica y cargada de connotaciones medievales. Frente al encanto de las rústicas construcciones de El Acebo, con sus tejados de pizarra y galerías de madera que flanquean el Camino, en **Molinaseca** la calle-camino aparece solemne, bordeada de casonas señoriales.

Ponferrada surgió en el lugar por donde un puente romano atravesaba el río Sil. En el siglo XI, el obispo Osmundo de Astorga mandó reforzarlo con hierro; «el puente de los hierros» dio origen a su nombre. De su donación a la Orden del Temple hasta su extinción habla su tan reformado castillo. Del recinto amurallado queda la puerta del reloj, bajo la cual pasa el Camino. En **Villafranca del Bierzo** los peregrinos que por alguna causa no podían llegar a Compostela, en la puerta norte de la iglesia de Santiago ganaban las mismas indulgencias que en la catedral del apóstol. De sus hospitales hubo uno, en su entorno, que acogía a los peregrinos y en cuya memoria, en el año jubilar de 1993, los peregrinos reposaron en grandes tiendas de campaña frente a la iglesia.

En la ruta hacia el puerto del Cebreiro, el pueblo de Herrerías hacía acto de presencia en el Camino entre el ensordecedor ruido de su industria del hierro que, al igual que en Compludo, también se accionaba por energía hidráulica. En Cebreiro un monasterio y un hospital acogían a aquellos que ya

Ponferrada. Bajo la torre del reloj, que formó parte del recinto amurallado, transcurre el Camino.

habían entrado en tierras gallegas. Las pallozas típicas de la región, todavía hoy siguen sorprendiendo a quien por allí se acerca, así como lo hace la maciza construcción de su iglesia que parece intentar defender al peregrino del duro clima. Pesadas formas con tejados de pizarra que se repetirán en otros pueblos

La iglesia de Cebreiro, de muros de piedra y tejados de pizarra, es un claro exponente de las pesadas formas que se irán repitiendo en las construcciones de la zona.

Son escasos los restos que quedan de la obra medieval del monasterio de Samos. La espléndida fachada occidental de la iglesia es de mediados del siglo XVIII.

En Portomarín la iglesia de aspecto fortificado de San Nicolás fue trasladada a su actual emplazamiento, al desaparecer el antiguo pueblo bajo las aguas del embalse de Belesar.

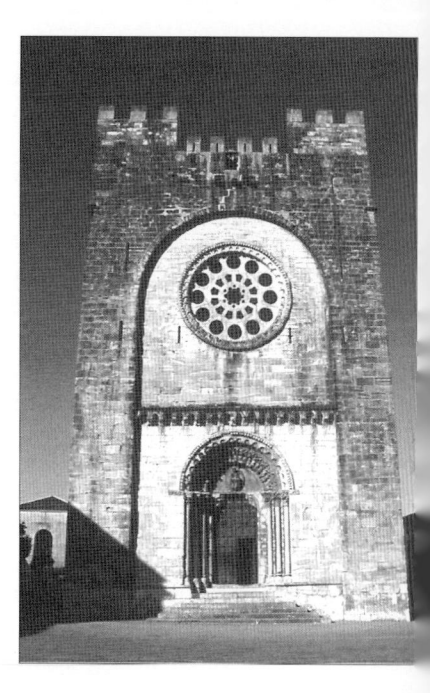

como en el de **Hospital,** con nombre de clara alusión a su origen jacobeo, pues creció en torno al edificio de acogida que mandó hacer una condesa. En **Triacastela** empezaba la picaresca de los mesoneros de Compostela que con sus argucias intentaban atraer el mayor número de peregrinos, tema del que hemos hablado en los riesgos del Camino.

En torno al monasterio de **Samos** surgió la población que hoy lleva su nombre y bajo cuyos muros se cobijó el rey de la monarquía asturiana, Alfonso II. Es un cenobio fundado a principios de la Alta Edad Media y que, con el paso del tiempo, ha ido renovando su arquitectura, prevaleciendo la factura de época moderna. Llegados a **Sarriá**, el Camino asciende por su calle Mayor para pasar entre la iglesia del Salvador y el hospital de San Antonio hasta alcanzar el convento de la Magdalena, donde también se practicó la acogida. La picaresca ejercida en Triacastela también se daba en **Barbadelos,** donde hubo un monasterio dependiente de Samos, probablemente en las inmediaciones de la iglesia románica dedicada a Santiago.

Alcanzado el embalse de Belesar aparece **Portomarín,** nueva población a la que se trasladaron los edificios más representativos del primitivo pueblo que hoy yace bajo las aguas. En principio, fue lugar de los caballeros de la Orden de Santiago y, posteriormente, de los de San Juan. Al lado de la fortificada

Muy cerca del Camino, en Villar de Donas, se encuentra la iglesia románica del antiguo convento de monjas de la Orden Militar de Santiago. En su interior se pueden contemplar enterramientos de los caballeros santiaguistas.

48

iglesia de San Nicolás estuvo la casa de la encomienda de los sanjuanistas, edificada a finales del siglo XV, junto con un hospital. Con anterioridad a esta fecha existieron otros centros de reposo.

A un kilómetro del Camino está la espléndida iglesia románica del convento de monjas de la Orden de Santiago de Villar de Donas. El pórtico que precede a su puerta de acceso acogía los enterramientos de los caballeros santiaguistas, algunos de cuyos sepulcros se pueden contemplar en su interior. Rápidamente el Camino alcanza **Palas del Rey,** donde Aymeric Picaud sitúa el final de la penúltima jornada.

Con las fuerzas renovadas, al sentirse ya cerca de los restos del Apóstol, el peregrino emprendía el último tramo del Camino que por Mellide y Arzúa llega, con palabras de Aymeric, a:

...un río, llamado Labacolla, porque en un paraje frondoso por el que pasa, a dos millas de Santiago, los peregrinos de nacionalidad francesa que se dirigían a Santiago, se quitaban la ropa, y por amor al Apóstol, solían lavarse no sólo sus partes, sino la suciedad de todo el cuerpo.

Pronto alcanzaban una elevación del terreno llamada el **Monte del Gozo,** desde donde podían sentir el gozo de divisar, por vez primera, la ciudad de **Santiago de Compostela,** a la que Aymeric describe diciendo que es:

la excelsa ciudad del Apóstol, repleta de todo tipo de encantos, la ciudad que custodia los restos mortales de Santiago, motivo por el que está considerada como la más dichosa y excelsa de las ciudades de España.

Alfonso II de Asturias mandó construir una iglesia para acoger la tumba del Apóstol y le asignó un territorio en su entorno; extramuros del núcleo creció un burgo que fue el inicio de la ciudad de Compostela. El auge que fue tomando el descubrimiento haría que el también monarca asturiano, Alfonso III, elevara un nuevo edificio de mayor rango arquitectónico. A su consagración, en el año 899, asistió el Rey con obispos de toda la Península. Fue una iglesia de factura asturiana de tres naves, separadas por pilares cuadrados y cubierta de madera, en cuya cabecera estaba situado el mausoleo de Santiago. En el año 997,

Almanzor irrumpió en Compostela arrasándola. Las campanas de la iglesia del Apóstol fueron llevadas a Córdoba como trofeo de la «hazaña» y colocadas como lámparas en la mezquita. Posteriormente, san Pedro de Mezonzo y el rey Bermudo II llevaron a cabo la reconstrucción de la basílica.

El 30 de diciembre de 1074, en un *Concilio Magno* de la ciudad de Compostela, se tomó la decisión de levantar la catedral románica, iniciándose las obras seguidamente. Por desavenencias entre el obispo Diego Peláez y el rey Alfonso VI, sufrieron una interrupción para ser continuadas por el obispo Diego Gelmírez. El templo es recorrido por una tribuna sobre las naves laterales que, estructuralmente, tiene la misión de servir de apoyo a la elevada nave central y, funcionalmente, es un espacio que, en parte, fue utilizado por los peregrinos en las grandes aglomeraciones. Tiene tres grandes portadas: dos situadas en ambos lados del crucero y una orientada a Occidente. Sobre ella dice Picaud:

En esta iglesia no hay grieta ni defecto alguno; está magníficamente construida, es grande, espaciosa, luminosa, armoniosa, bien proporcionada en anchura, longitud y altura, y de admirable e inefable fábrica, Además, tiene doble planta como un palacio real. Quien recorra por arriba las naves del triforio, aunque suba triste, se vuelve alegre y gozoso al contemplar la espléndida belleza del templo.

Las esculturas de sus portadas, como es común en el románico, tienen una función catequética que transmiten al hombre las verdades que tiene que creer y cuál debe ser su comportamiento en la vida, teniendo presente que es muy difícil separar lo profano de lo religioso y que ambos aspectos están íntimamente relacionados. Son imágenes que con su policromía tuvieron que causar una gran impresión al peregrino medieval. La puerta norte era conocida con el nombre de Francesa o del Paraíso, por abrirse al atrio de la iglesia que se conocía con este nombre y de Azabachería por estar en su entorno los vendedores de objetos de azabache. Por su mal estado de conservación, fue sustituida por la actual del siglo XVIII. Su distribución era similar a la de la portada sur, y para saber cómo era su factura se hace necesario recurrir a los relieves que se insertaron en Platerías, y para su programa figurativo a la descripción del *Liber Peregrinationis:*

...Sobre la columna adosada al muro que por la parte de fuera separa los dos pórticos, está sentado el Señor en trono de majestad, impartiendo la bendición con la derecha y con un libro en la izquierda. Rodeando el trono, y como sosteniéndolo, aparecen los cuatro evangelistas; a su derecha está representado el paraíso, donde el Señor vuelve a aparecer reprendiendo por su pecado a Adán y Eva; y a la izquierda, en otra representación, expulsándolos del paraíso. Allí mismo hay representados por doquier innumerables imágenes de santos, bestias, hombres, ángeles, mujeres, flores y demás criaturas, cuyo significado y formas no podemos describir, por su gran número. Sin embargo, sobre la puerta de la izquierda, según entramos en la catedral, es decir, en el tímpano está representada la anunciación de la bienaventurada Virgen María. Aparece también el ángel Gabriel dirigiéndole la palabra...

Santiago de Compostela. ¿Eva engendradora de la muerte? ¿Castigo de la mujer adúltera?... Interrogantes que guardan el secreto del relieve de la Portada de Platerías, situado en el tímpano de las tentaciones de Cristo.

En el entorno de la portada sur, llamada de Platerías, están los artesanos que trabajan la plata. También aparece descrita en el *Liber*, al que no copiamos por perdurar su imagen aunque retocada, pues a ella se llevaron restos, como decíamos anteriormente, de la de Azabacherías. Para su programa figurativo se hace necesario recurrir a la descripción de Aymeric; sin embargo, únicamente haremos una somera alusión a sus dos tímpanos, uno dedicado al nacimiento y pasión de Cristo y otro a las tentaciones. Al centrarse en ellas la mirada del peregrino, podía comprobar en el tímpano de su izquierda la figura de una mujer con una calavera en su regazo; es, como decíamos anteriormente, la manera de expresar cómo había que actuar en la vida. Sobre ello dice Aymeric:

Y no se ha de echar en olvido que junto a la escena de las tentaciones del Señor, está representada una mujer que sostiene en sus manos la cabeza putrefacta de su amante, arrancada por el propio marido, quien la obliga a besarla dos veces por día ¡Grande y admirable castigo para contárselo a todos el de esta mujer adúltera!

El maestro Mateo acometió el término arquitectónico y escultórico de la catedral con el Pórtico de la Gloria, colaborando con él otros escultores. Aunque debemos tener presente que no existe unanimidad en cuanto a su significado, todavía el peregrino actual puede contemplar, como se pudo hacer hace siglos, en las arquivoltas de la portada izquierda, según miramos, al hombre con el peso de la antigua ley que le aprisio-

Santiago de Compostela. Aunque alterada la primitiva iconografía de la Portada de Platerías, al trasladarse a ella restos de las figuras de Azabacherías, sigue transmitiendo al peregrino las verdades en las que tiene que creer.

antiago de Compostela. En el Pórtico de la Gloria se pone de maifiesto la singular mano del maestro Mateo en cada una de las exresiones que transmiten el estado de ánimo de Daniel, Isaías y Moisés.

Santiago de Compostela. La expresividad del maestro Mateo llega a su cénit, en los ancianos del Apocalipsis afinando sus instrumentos del Pórtico de la Gloria.

en forma de pequeña moldura. En el parteluz de la portada entral, se encuentra Santiago portando una cartela con el rólo «me envió el Señor», el cual, rodeado de profetas y após-

toles, comunica la misión de enseñarnos el mensaje cristológico, y sobre ellos, el gran tímpano reflejo de la Jerusalén Celeste, según la visión apocalíptica de San Juan. En la portada de la derecha el premio, con los ángeles que portan las almas de los justos y el castigo con las penas del infierno representadas por monstruos que devoran figuras humanas. Si bien la expresión de las figuras del maestro Mateo no tiene parangón en estos momentos en Europa, en la representación de los ancianos del Apocalipsis afinando sus instrumentos, llega a su cénit y la sensación que ante ella se experimenta fue expresada admirablemente por Rosalía de Castro: «Parece que mueven los labios, que hablan bajo unos con otros, y que allá, en la altura del cielo, la música va a comenzar, pues los gloriosos músicos templan risueños sus instrumentos».

En la portada norte, como lugar de acceso, se encontraba un programa penitencial: la expulsión de Adán y Eva que hará que el cristiano, como decíamos al comienzo de nuestro trabajo, sea un peregrino en este mundo que a través de la redención de Cristo, programa de la portada sur, pueda alcanzar la Jerusalén Celeste del Pórtico de la Gloria.

El arte en el Camino

Consideramos necesario salir al paso de ciertos presupuestos desarrollados en las tesis divulgativas del que vuelve a ser un fenómeno de masas: el Camino de Santiago o Camino Francés, y expresar que no existe un arte del Camino y, por tanto, no hay un románico jacobeo, ni un arte jacobeo, sino que debemos hablar de arte en el Camino.

A lo largo del Camino hicimos referencia, aunque fuera de forma somera, a las diferentes manifestaciones artísticas que en él fueron apareciendo. Hemos podido comprobar que, por ser un fenómeno que ha perdurado a lo largo del tiempo, han ido surgiendo múltiples estilos artísticos que dejaron su impronta en el entorno, unas veces de forma espontánea y otras por las mismas necesidades de la ruta.

Si bien es verdad que será en el siglo XI cuando el trazado del Camino se forme de una manera definitiva, y se consolide la peregrinación jacobea como un fenómeno internacional, hechos que coinciden en el tiempo con el estilo artístico románico; no lo es menos que también concurren aspectos como la apertura hacia Europa de los reinos cristianos, la vinculación del rito romano a la liturgia y la entrada de los monjes cluniacenses, a los que está unido su hacer arquitectónico.

Este período es en la Europa cristiana el momento del románico, estilo que la unificó y para lo que necesitó de los ca-

Santiago de Compostela. En la primera mitad del siglo XVIII Fernando Casas crea la fachada del Obradoiro, adaptando la antigua fachada románica a las exigencias barrocas del momento.

minos. El Camino de Santiago, como parte integrante de ell iba a participar en la formación y propagación de este estil Como dice Serafín Moralejo: «...al arte del Camino c Santiago pertenecen monumentos como las catedrales c

La iglesia de San Martín de Frómista es uno de los edificios emblemáticos de la época en que se consolida el Camino.

Compostela y de Jaca o las iglesias de San Martín de Frómista, San Isidoro de León, San Saturnino de Toulouse y Santa Fe de Conques. Las estrechas interrelaciones que revelan la arquitectura y escultura de dichos monumentos —y más las que todos ellos presentan con la catedral compostelana— obligan a reconocer por entonces en el Camino un espacio artístico integrado».

Nuevos tiempos iban a traer de Europa diferentes gustos y visiones que se convirtieron en la moda vigente del momento y que hicieron adecuar o reedificar sobre lo ya construido, según los nuevos estilos imperantes. En la ruta jacobea unos estilos sustituyen a otros o conviven entre sí, formando una realidad artística que marca su presencia en el Camino.

La razón de que los edificios más emblemáticos del románico hispano estén en la ruta hacia Santiago se debe al hecho de que en ella se encontraban los centros de poder, los cuales utilizaban el estilo arquitectónico vigente para la construcción de sus edificios más representativos, como sucede con el Palacio Real de Estella. Estos edificios no fueron hechos por y para el Camino, sino en el Camino. Si pensamos en la catedral de Santiago, que sí se hizo por el Camino y para reposo de los restos del Apóstol, también existió el pro-

Hospital de San Nicolás. De la acogida y hospitalidad en el Camino han quedado patentes numerosos restos arquitectónicos a lo largo de la ruta.

yecto de hacer un cuarto edificio cuando las influencias del estilo gótico, procedentes de la Isla de Francia, llegaron a la Península; de la misma manera que la catedral gótica de León vino a sustituir a la anterior románica. De esta manera se intentaba que los nuevos edificios estuvieran en consonancia con la moda del momento, al tiempo que era una manera de darles y de declarar, públicamente, el prestigio que encerraban en sí mismos.

Aunque son escasos los ejemplos, en el Camino hubo quien, como santo Domingo de la Calzada, dedicó su vida a ejecutar una obra constructiva para facilitar el tránsito de los peregrinos que benefició a la ruta que se comunicaba con Europa. En la construcción de los puentes y calzadas, y en las llamadas ciudades-camino, de construcción lineal, que facilitaron el tránsito de las gentes, contaron tanto los intereses económicos como los religiosos. Debemos tener presente que el desarrollo de ciudades tan íntimamente unidas al Camino como Jaca, Estella, Sahagún..., jugaron un papel muy importante como punto de encuentro y nudo de comunicaciones, en el que la actividad comercial tuvo un gran peso.

Haciendo referencia, una vez más, al tema de los hospitales, situados en el Camino para la acogida de peregrinos, tendremos que decir que tampoco fueron una actividad exclusiva de él. Fueron, más bien, una práctica vigente en la época con la función de acoger a menesterosos y desvalidos, como ya vimos en el apartado del reposo en el Camino. El número de indigentes en poblaciones como Burgos o León, estaba en función de la importancia de estas ciudades. Esto mismo ocurría en las mismas fechas y en lugares tan apartados de la ruta jacobea como Extremadura. A mayor importancia de la población, mayor número de menesterosos en «busca de la vida».

De igual forma, la arquitectura de los hospitales se encontraba vinculada a las características de las formas de construcción rural del lugar donde se crearon y, en algunos casos, aprovechando viviendas familiares que cumplían esta misión. Los grandes hospitales en el Camino fueron escasos; el Hospital del Rey de Burgos no deja de ser una excepción. Habrá que esperar a la época moderna para encontrar una política hospitalaria como tal, a la que los Reyes Católicos dieron impulso. Su construcción se hizo de acuerdo con el estilo arquitectónico característico del momento. La peculiaridad de aquellos que estuvieron en el Camino fue la presencia, tanto en pintura como en relieve... del bordón, la esportilla, las conchas, en definitiva, de aquellos símbolos que fueron característicos y dieron identidad al peregrino jacobeo.